Mit Philip Marlowe auf dem Friedhof der Kuscheltiere

NAT
Books

Der Original-Tierfriedhof aus dem Kinofilm
„Friedhof der Kuscheltiere" nach einem
Roman von Stephen King

Fotos und Texte
sind Bestandteil des Films:
Der Stoff, aus dem die Filme sind (1989)
Ein Dokumentarfilm von Christoph Felder
Herstellung: CFF

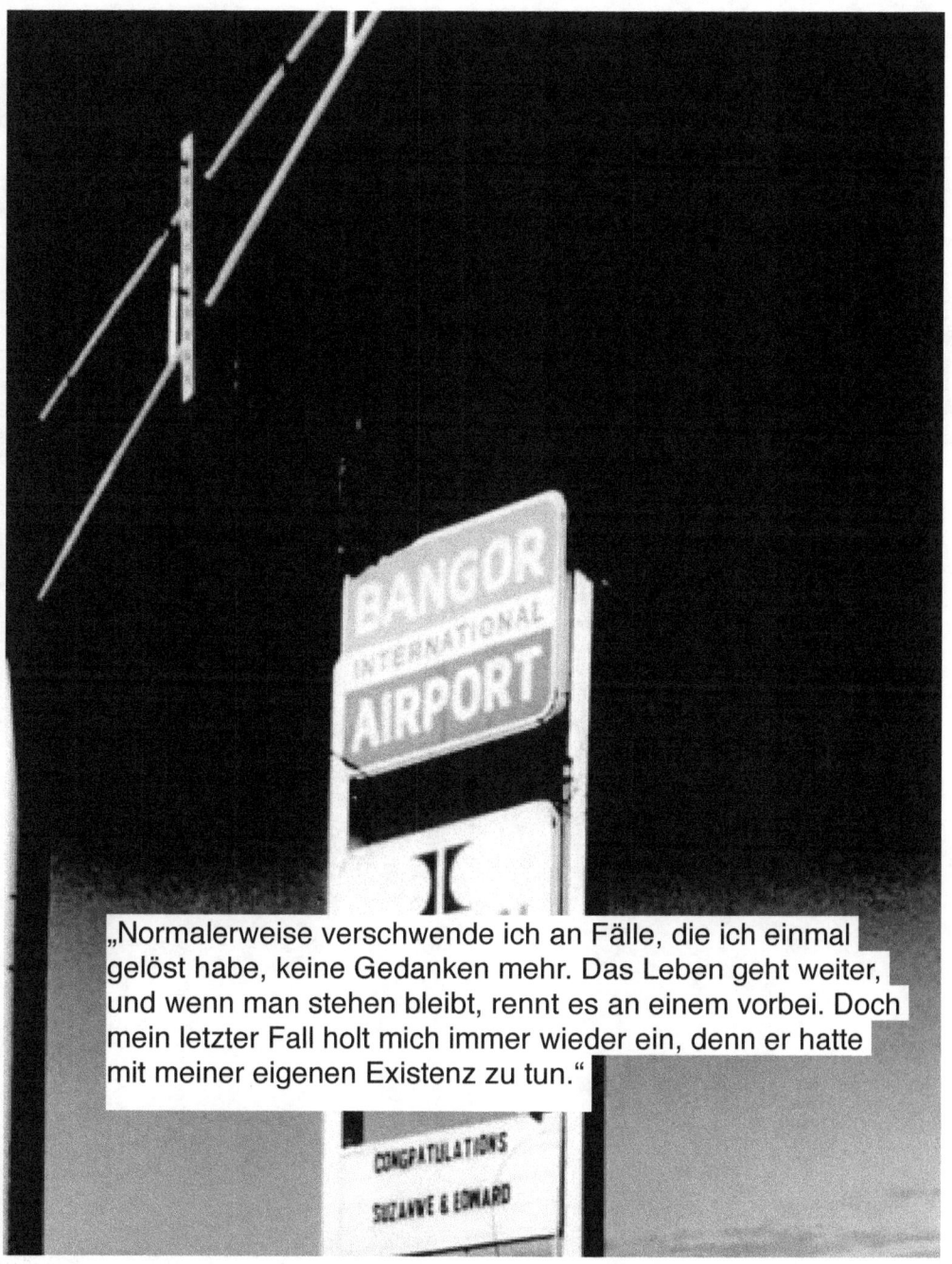

„Normalerweise verschwende ich an Fälle, die ich einmal gelöst habe, keine Gedanken mehr. Das Leben geht weiter, und wenn man stehen bleibt, rennt es an einem vorbei. Doch mein letzter Fall holt mich immer wieder ein, denn er hatte mit meiner eigenen Existenz zu tun."

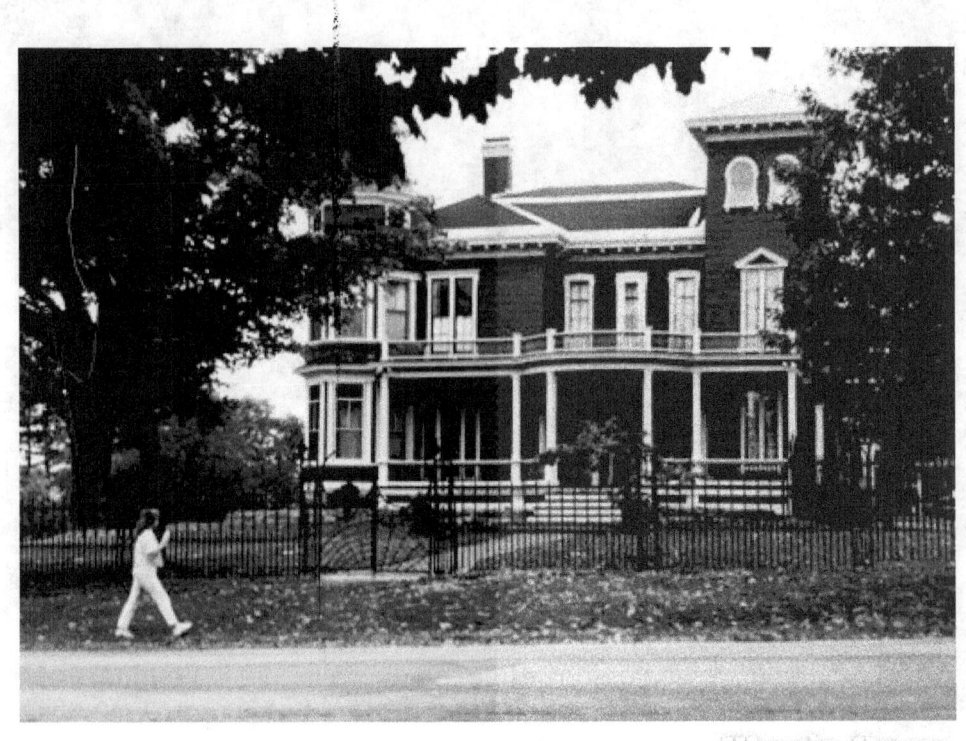

King´s Haus

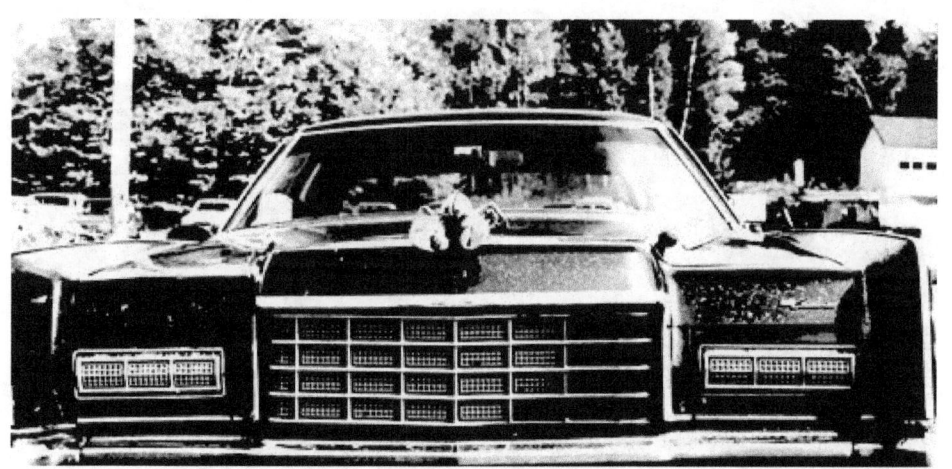

Bangor

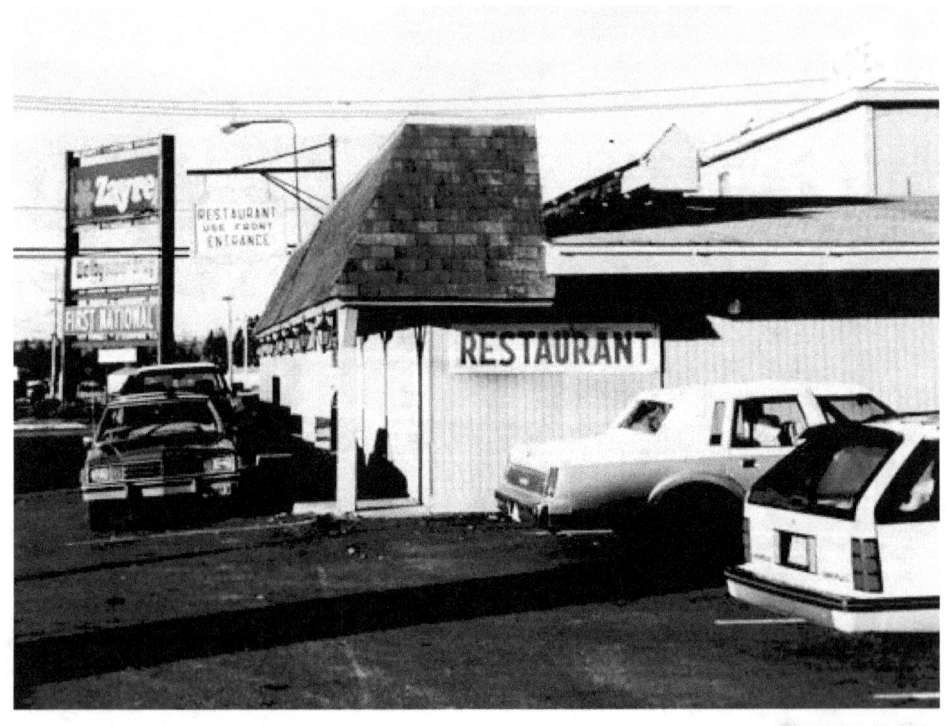

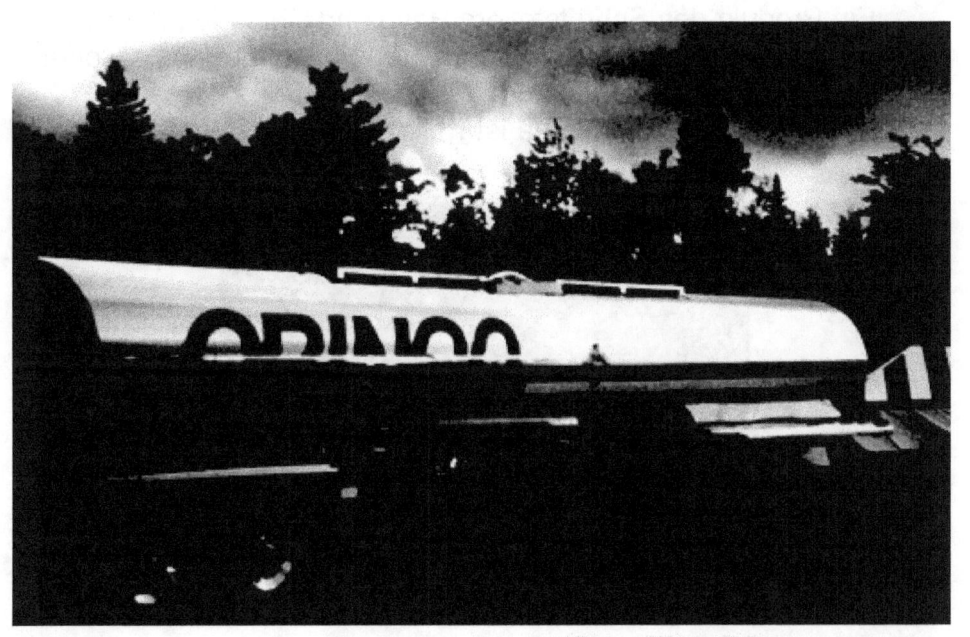

Der Tanklastwagen

„Ich wollte selbst dahinter kommen, wie aus einem erfolgreichen Buch ein erfolgreicher Film wird. Ich hoffte, so herauszufinden, wer ich eigentlich selber bin.
Ein Produkt des Schriftstellers Raymond Chandler, der mich und meine Geschichte erdacht und aufgeschrieben hat, oder das Produkt der Regisseure, die mich berühmt gemacht haben, denn - mein Name ist Philip Marlowe, Privatdetektiv."

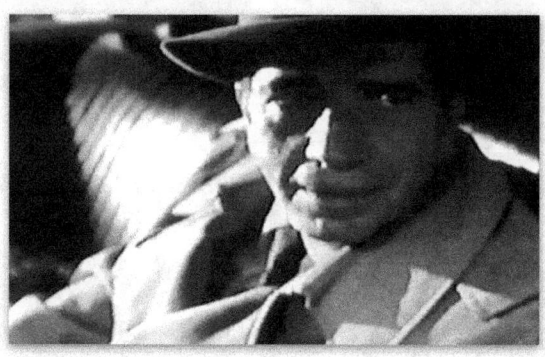

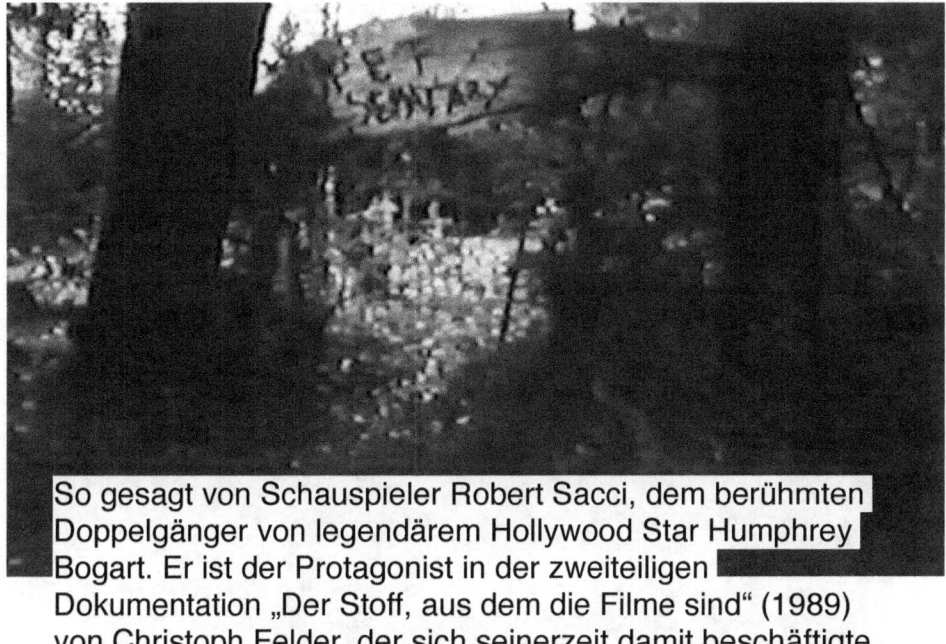

So gesagt von Schauspieler Robert Sacci, dem berühmten Doppelgänger von legendärem Hollywood Star Humphrey Bogart. Er ist der Protagonist in der zweiteiligen Dokumentation „Der Stoff, aus dem die Filme sind" (1989) von Christoph Felder, der sich seinerzeit damit beschäftigte, wie aus erfolgreichen Büchern Filme entstehen und so auch die Entstehung des Spielfilms „Friedhof der Kuscheltiere" mit der Kamera beobachten konnte. Während der Verfilmung von Stephen Kings berühmten Roman „Friedhof der Kuscheltiere" entstanden eine Reihe von Fotos am Filmset des legendären Friedhofs (Regie: Mary Lambert) kurz bevor er dem Erdboden wieder gleich gemacht wurde und die hier erstmals veröffentlicht werden.

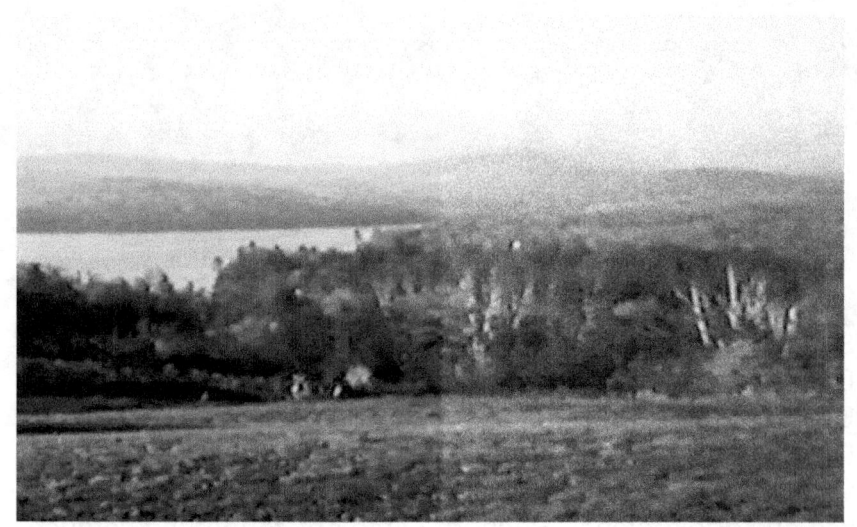

Maine

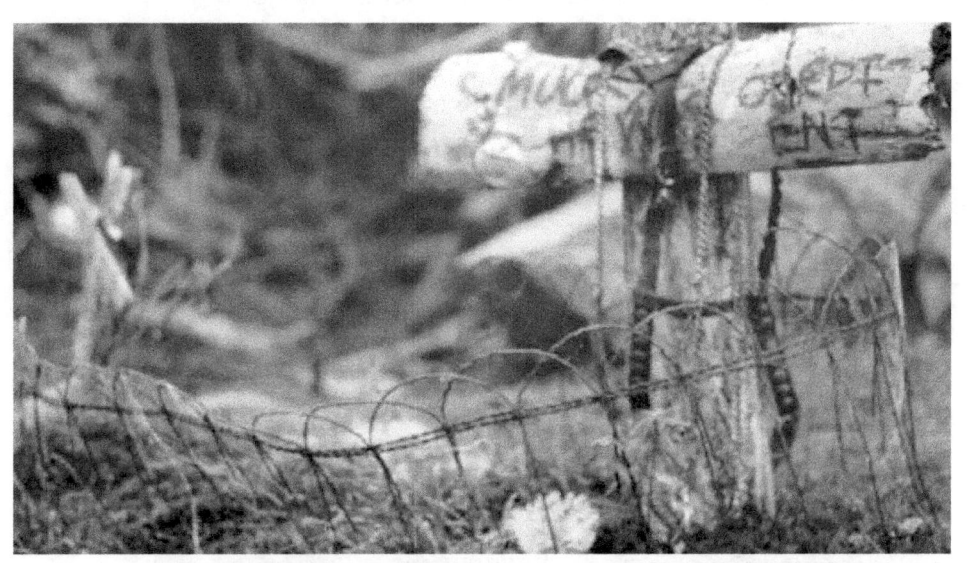

Der Tierfriedhof

Herbst 1988, die harten Gummireifen der Maschine poltern auf dem Asphalt. Es hört nicht auf, die Landebahn scheint endlos. Der ehemalige Militärflughafen von Bangor in Maine ist größer als die ganze Stadt mit ihren 30.000 Einwohnern. Im Mietwagen, das Buch auf dem Schoss liegend und mit einer Hand die Sitzlehne umklammernd, trifft es die Stimmung auf den Punkt: *Die Schnellstraße war nicht weit entfernt, der kalte stetige Wind wehte die Motorengeräusche herüber-, und das Leuchten am dunkler werdenden Himmel kam vom Bangor International Airport...*

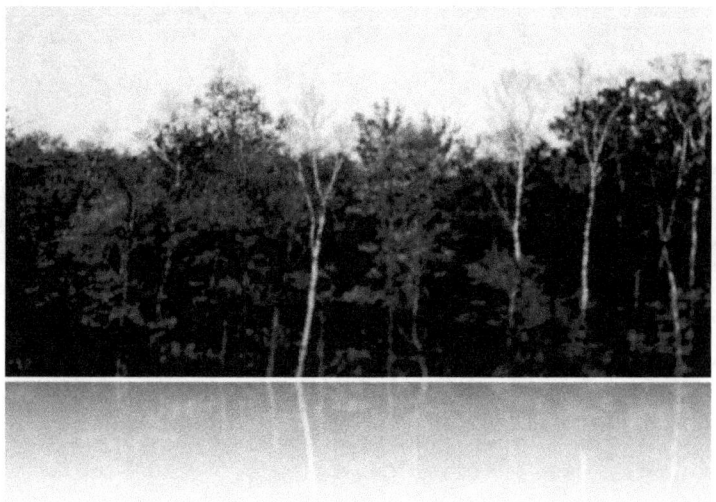

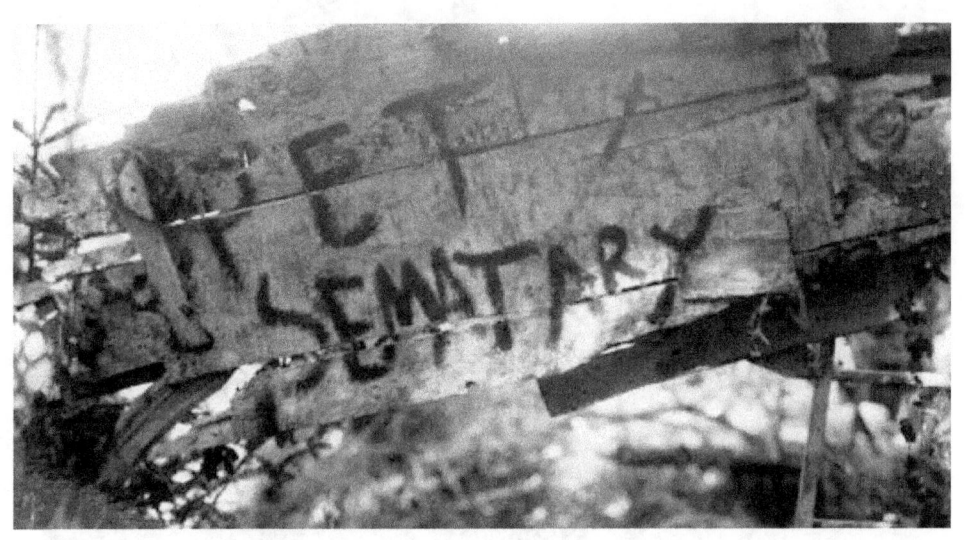

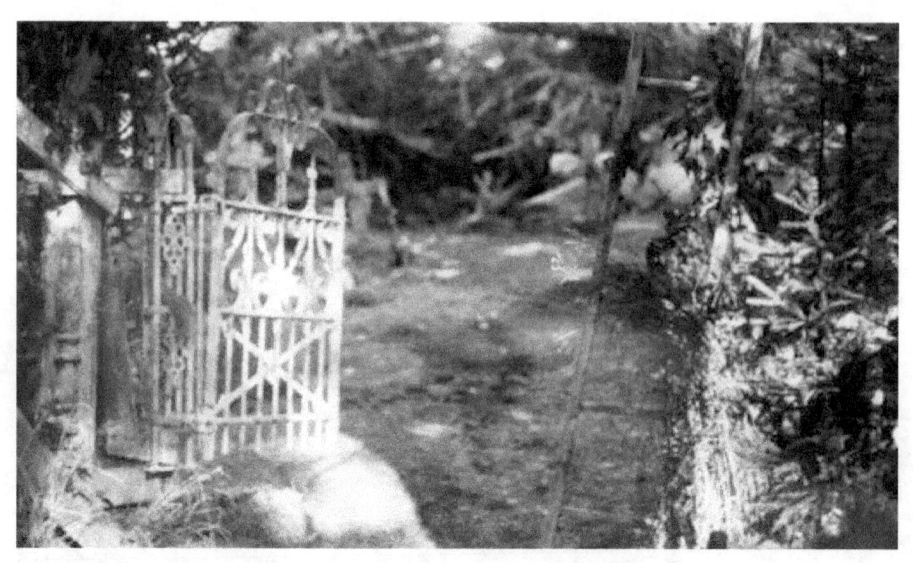

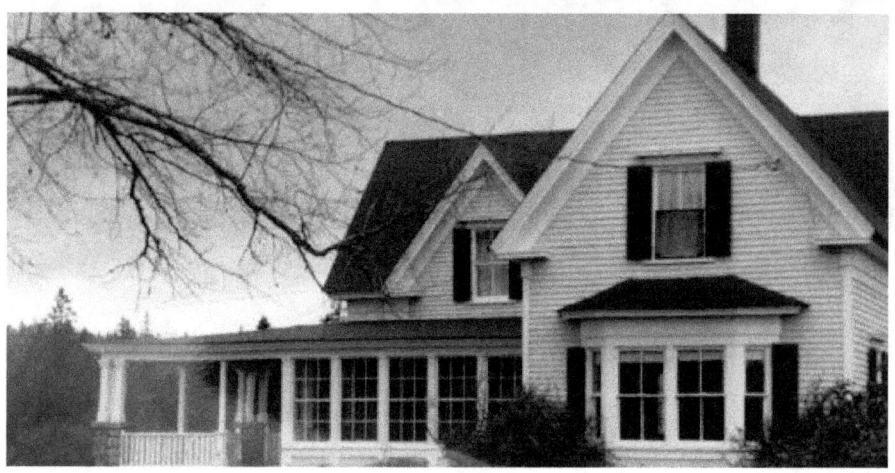

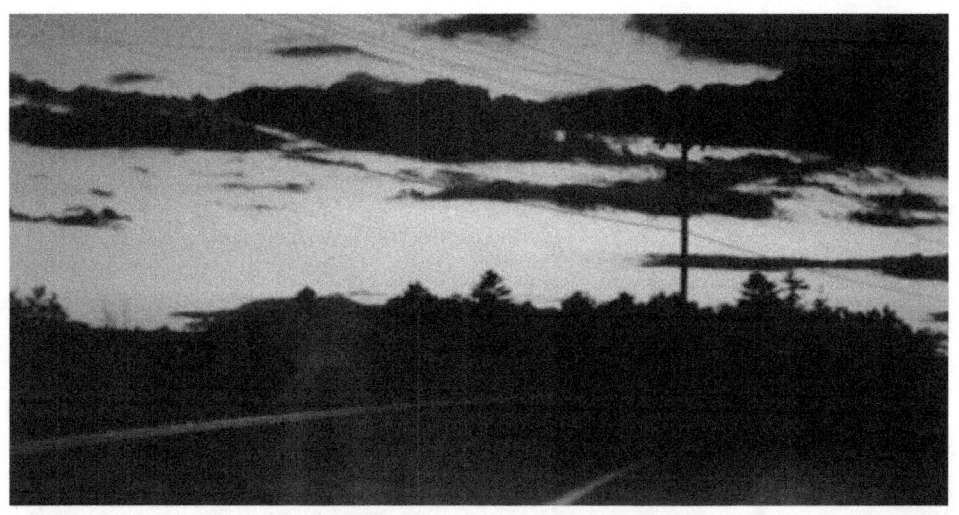

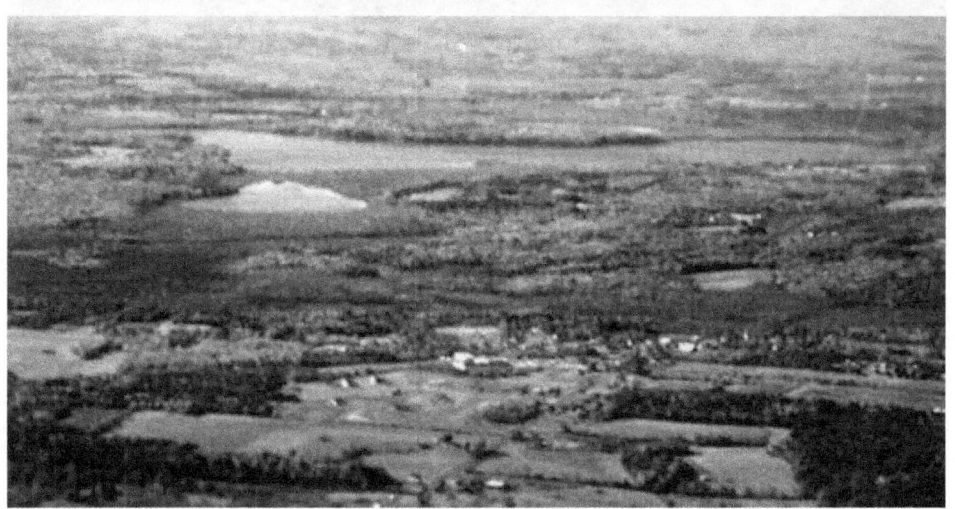

15

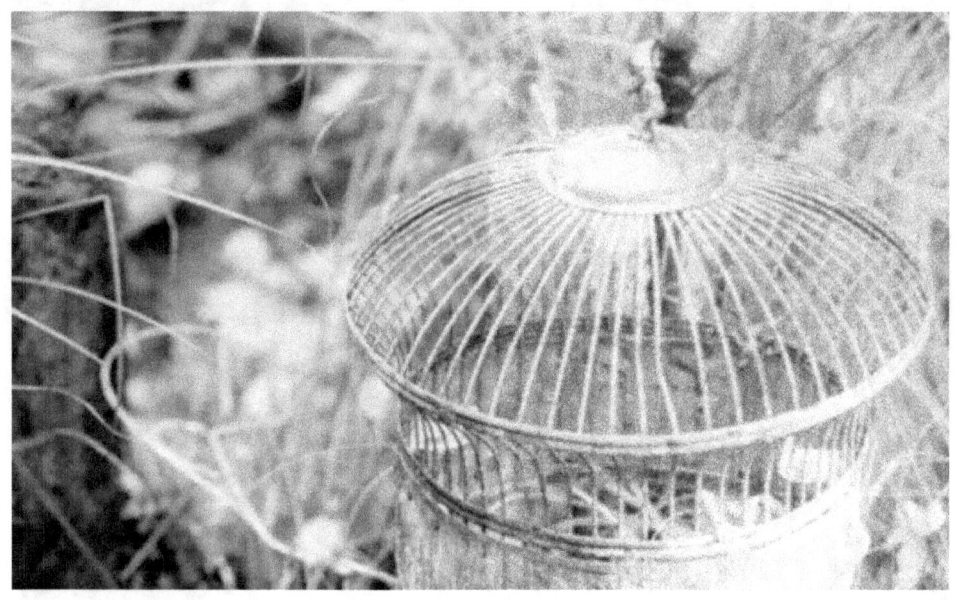

Friedhof der Kuscheltiere, 1983 unter dem Originaltitel *Pet Sematary* veröffentlicht, ist das angeblich kommerziell erfolgreichste Buch dieses merkwürdigen Horror-Autors, der hier in dieser gottverlassenen Gegend lebt und sich verdammt rar zu machen scheint. So oder ähnlich würde Privatdetektiv Philip Marlowe dem Fall wohl begegnen, würde er herausfinden wollen, wie aus erfolgreichen Büchern Filme werden.

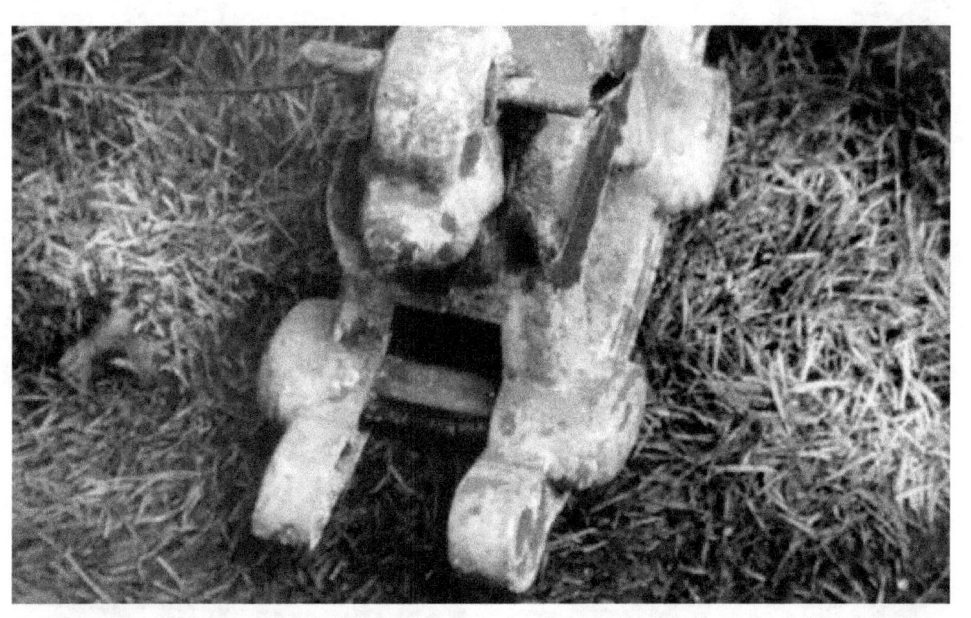

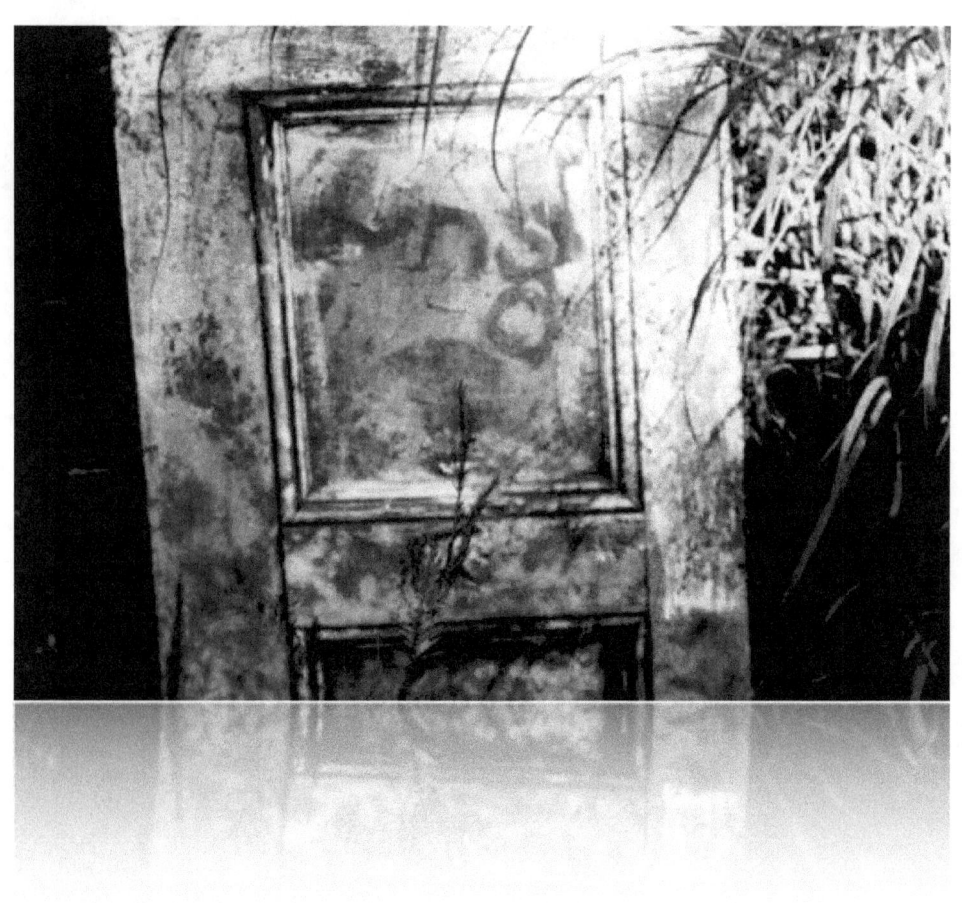

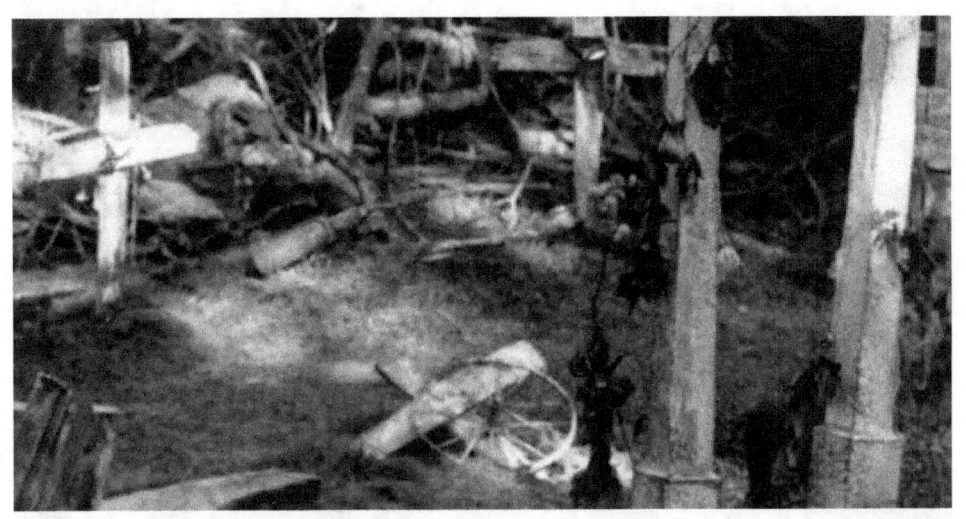

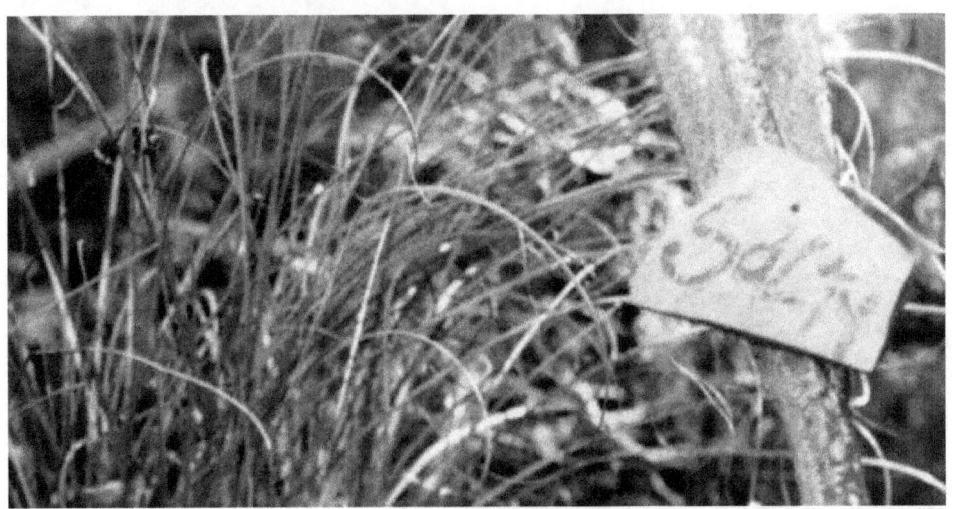

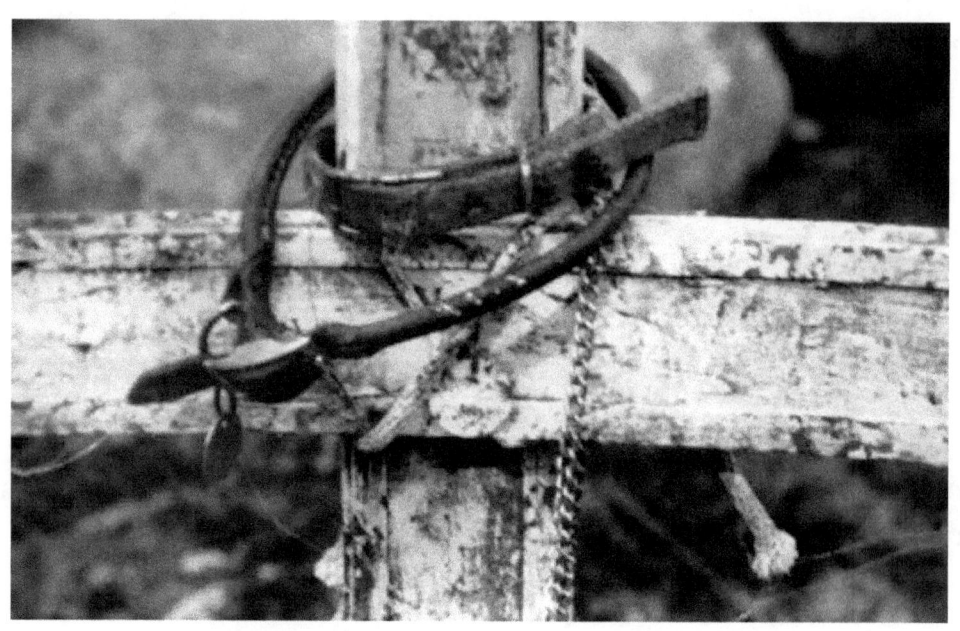

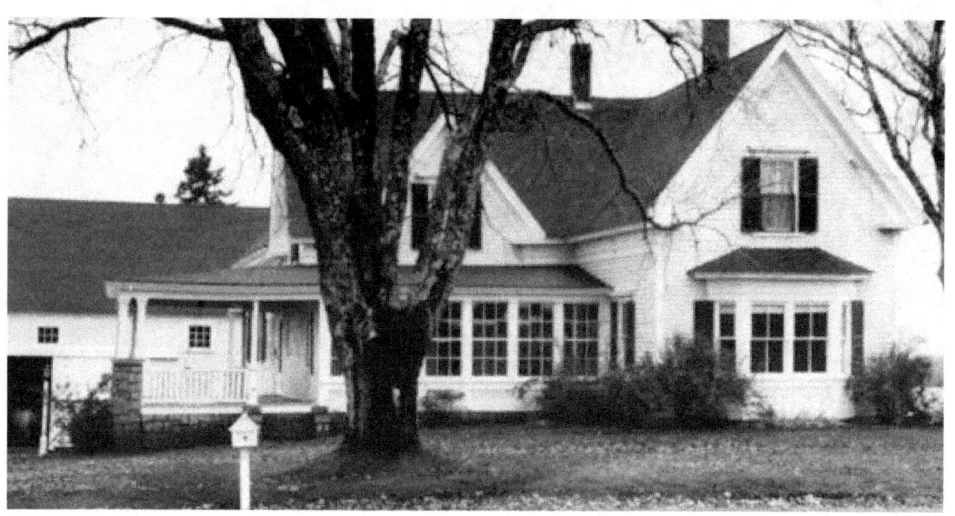

King ist der erfolgreichste Romanautor aller Zeiten, steht im *Buchjournal* jener Zeit: *Allein in Deutschland verkaufte er in den letzten zwei Jahren über sechs Millionen Bücher.* Zum richtigen Zeitpunkt am richtigen Ort, rund um Bangor drehen sie doch gerade die Adaption des Tierfriedhof-Bestsellers. King selbst schrieb das Drehbuch.

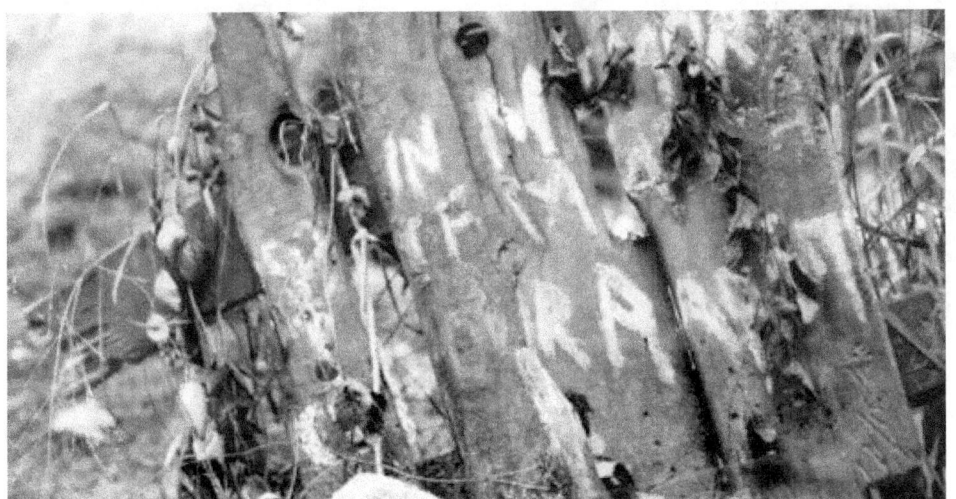

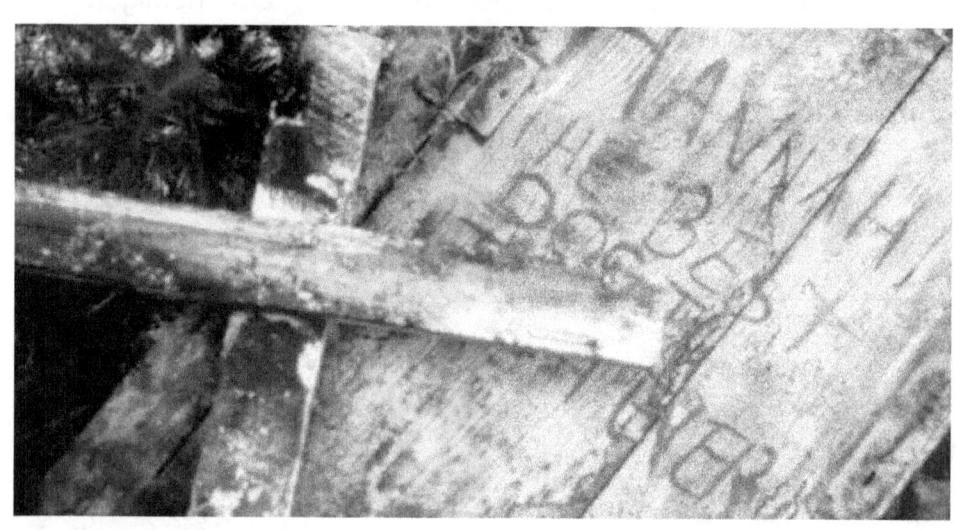

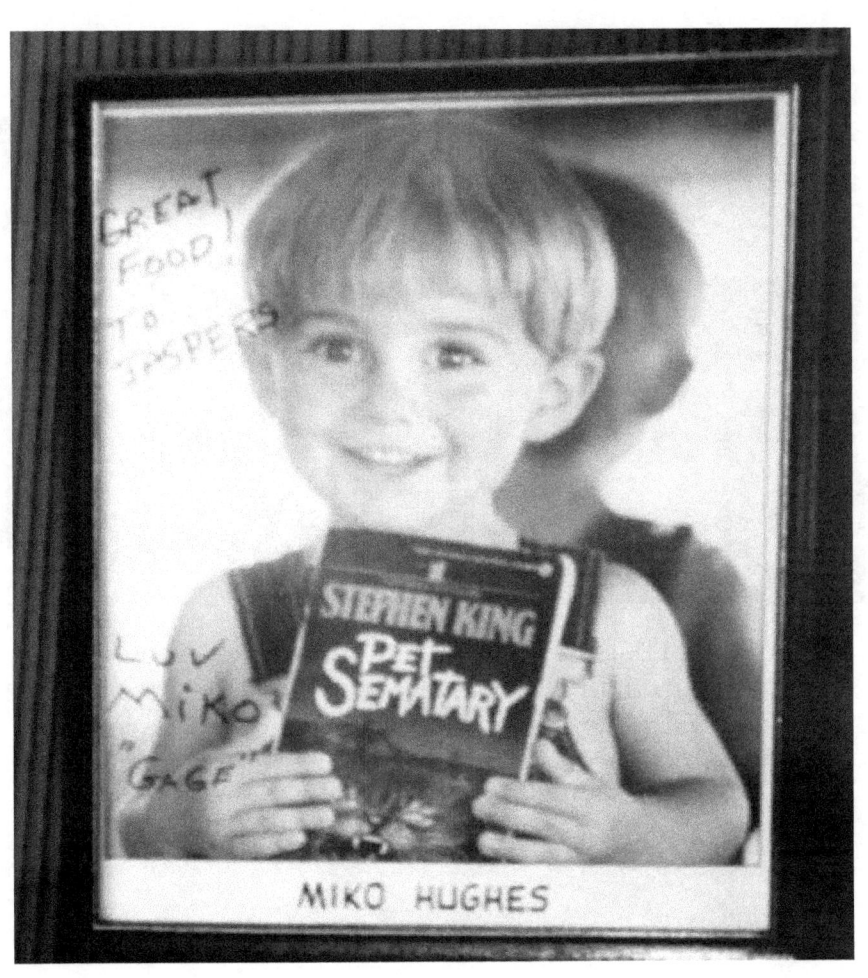

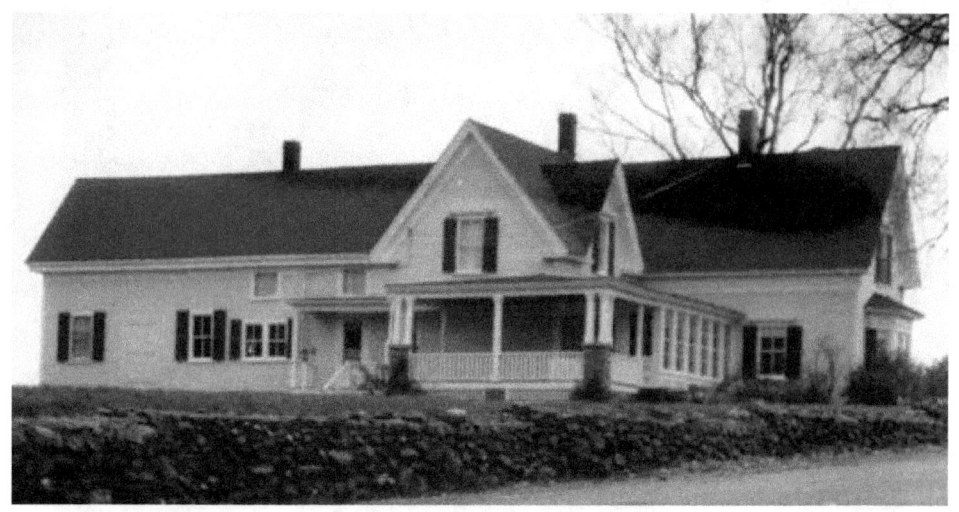

Die Story: Louis Creed ist Leiter der Krankenstation der Universität und wohnt mit Frau Rachel und den Kindern Ellie und Gage in einem Einfamilienhaus in Ludlow. Victor Pascow hat einen Unfall und stirbt noch auf der Krankenstation. Der Student haucht noch eine Warnung, in der er den Tierfriedhof erwähnt.

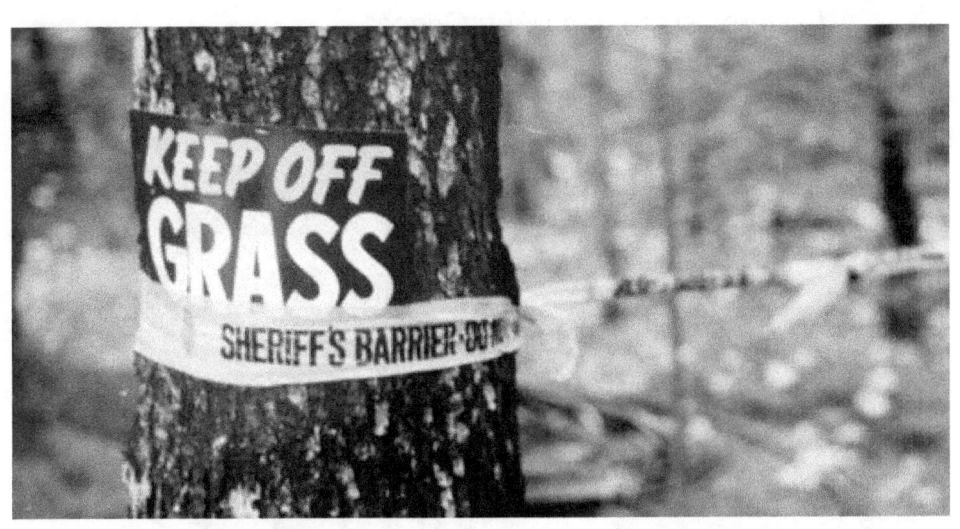

Draußen auf der Route 15 dröhnte ein Tankwagen
vorbei, so groß und so lang, dass Louis einen
Augenblick sein Haus jenseits der Straße nicht
sehen konnte. An der Seitenfläche des
Lasters...stand das Wort „Orinco".

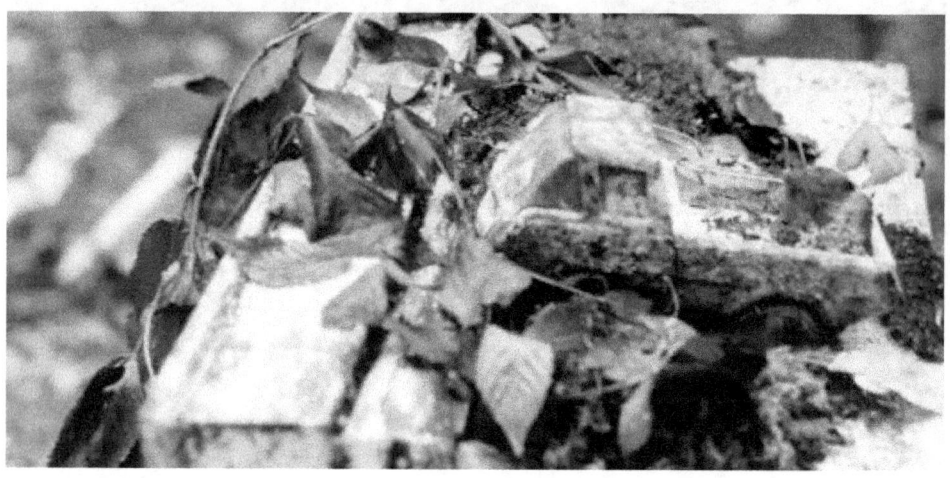

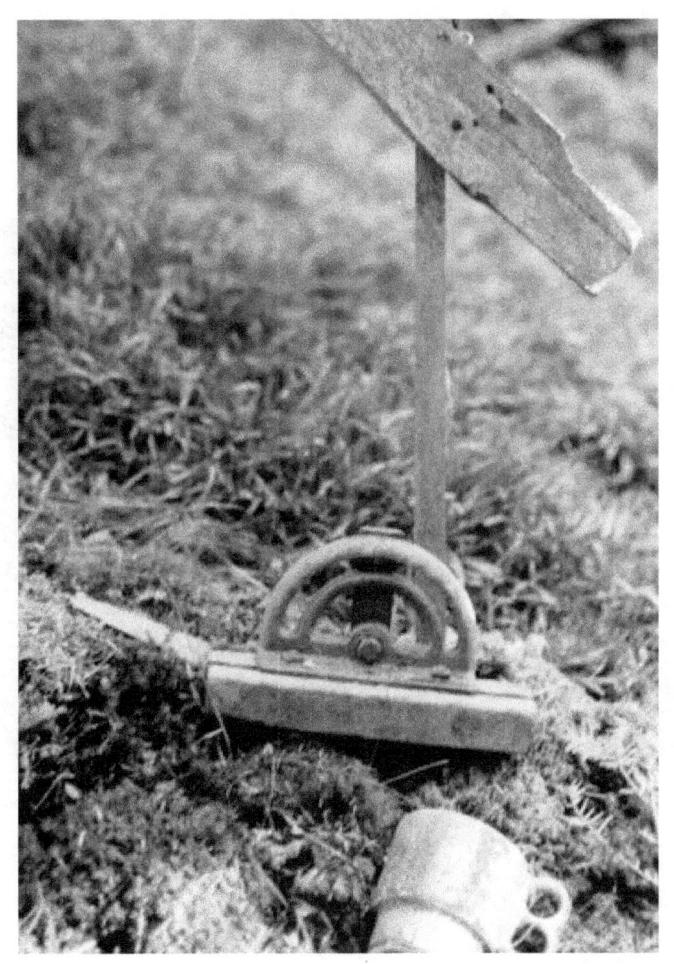

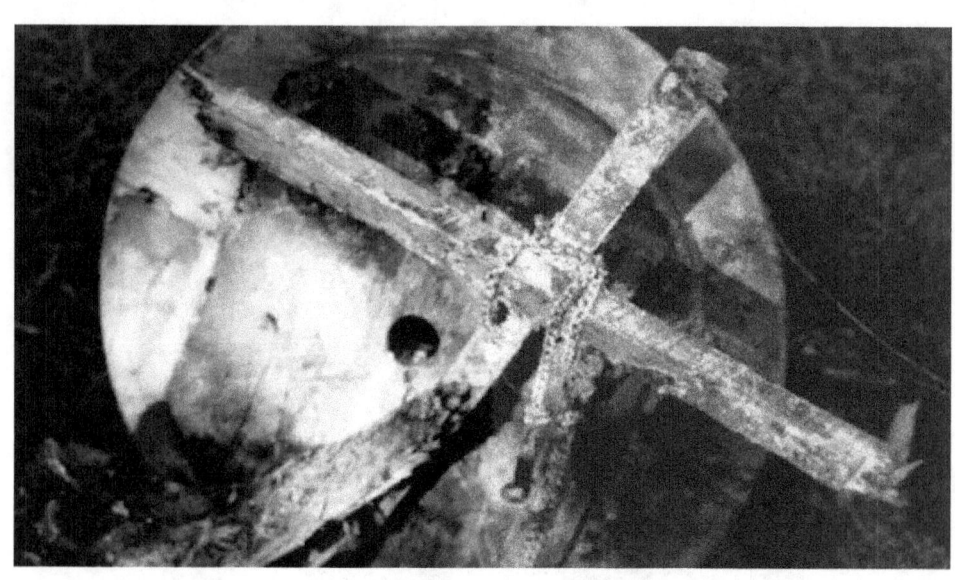

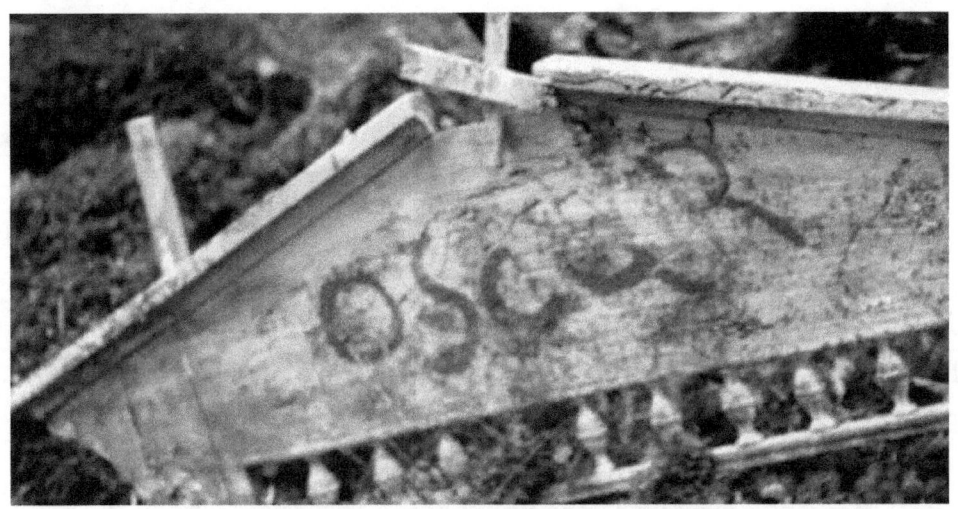

Rachel besucht mit den Kindern ihre Eltern. In dieser Zeit wird der Kater der Familie, Church, von einem LKW überfahren. Nachbar Jud geht mit Louis zum Tierfriedhof, um Church dort zu beerdigen. Louis ist erstaunt, Jud führt ihn auf ein verstecktes Felsplateau hinter dem Tierfriedhof, der Begräbnisstätte der Mi'kmaq-Indianer.

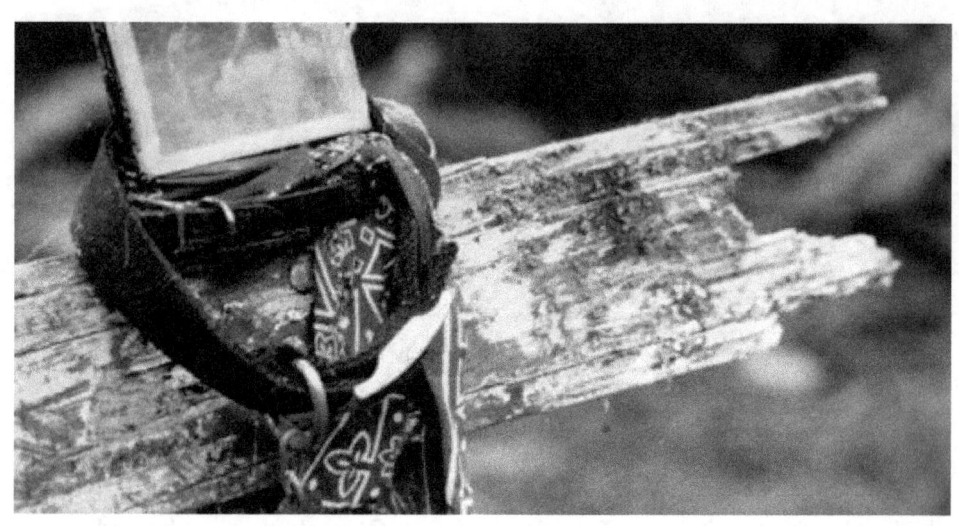

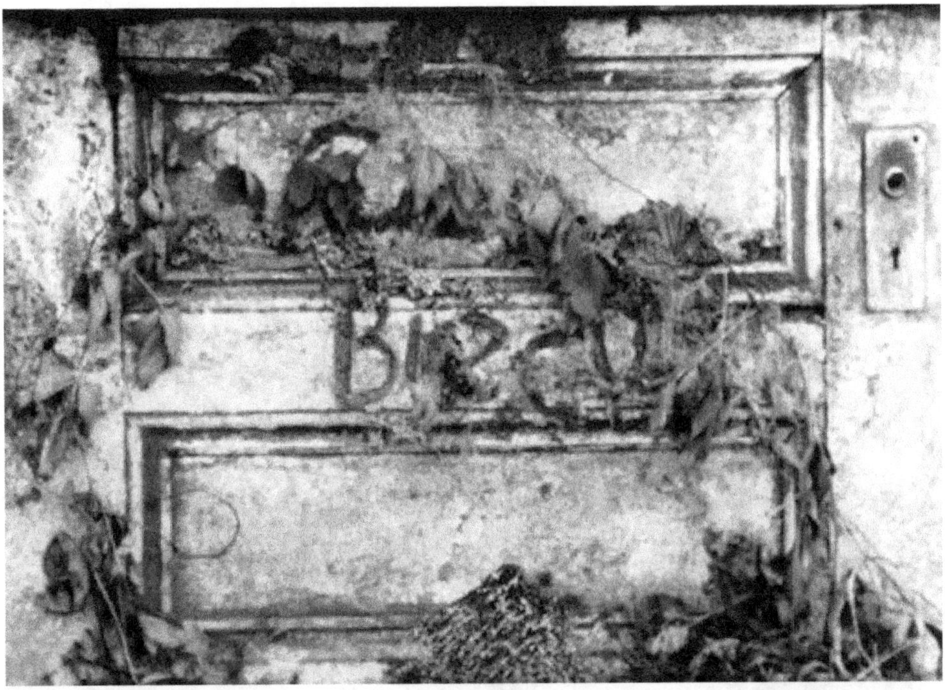

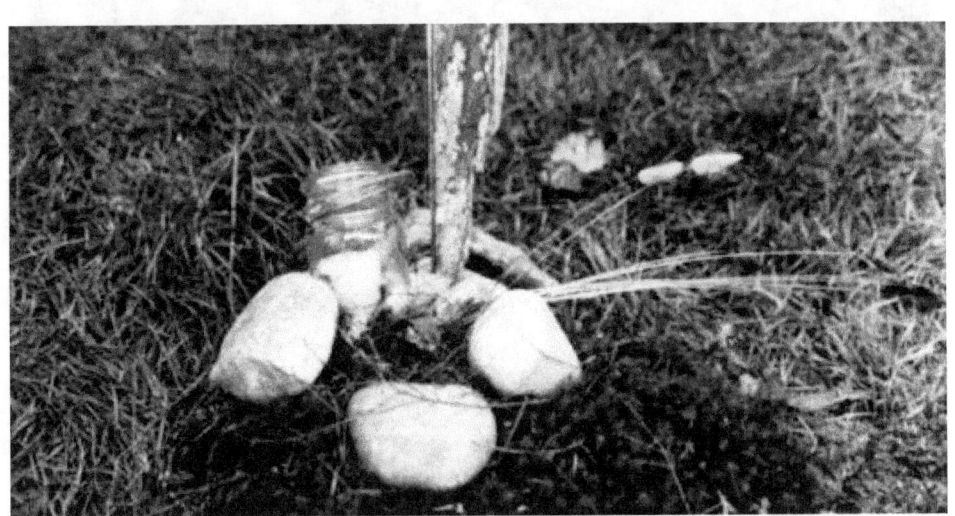

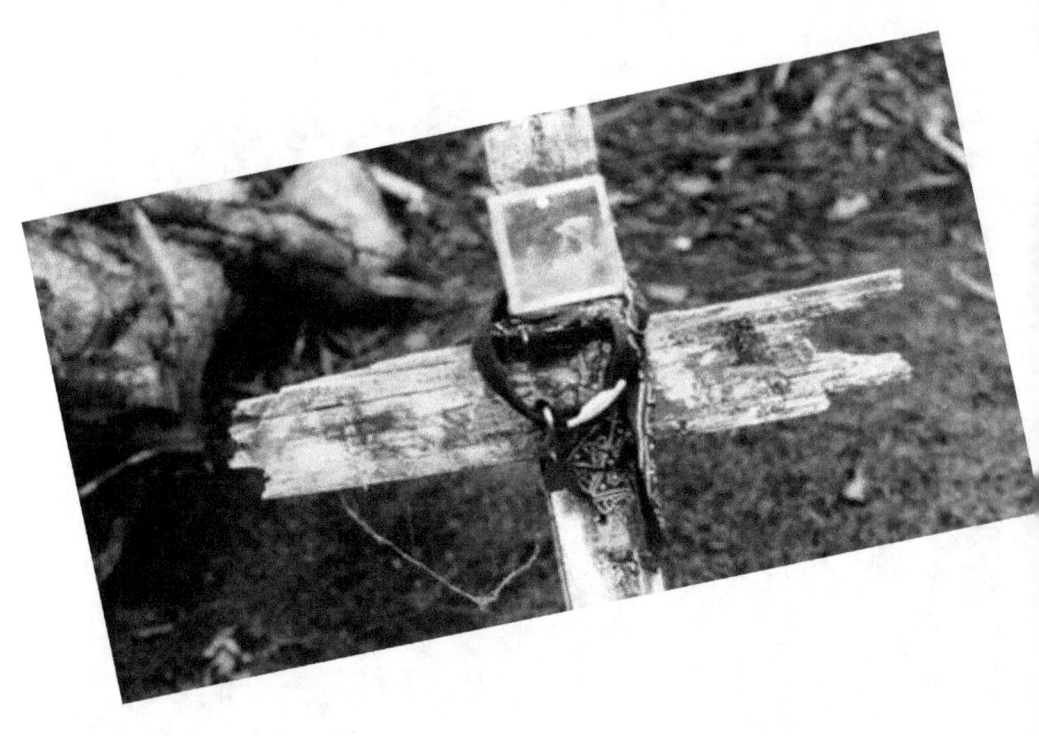

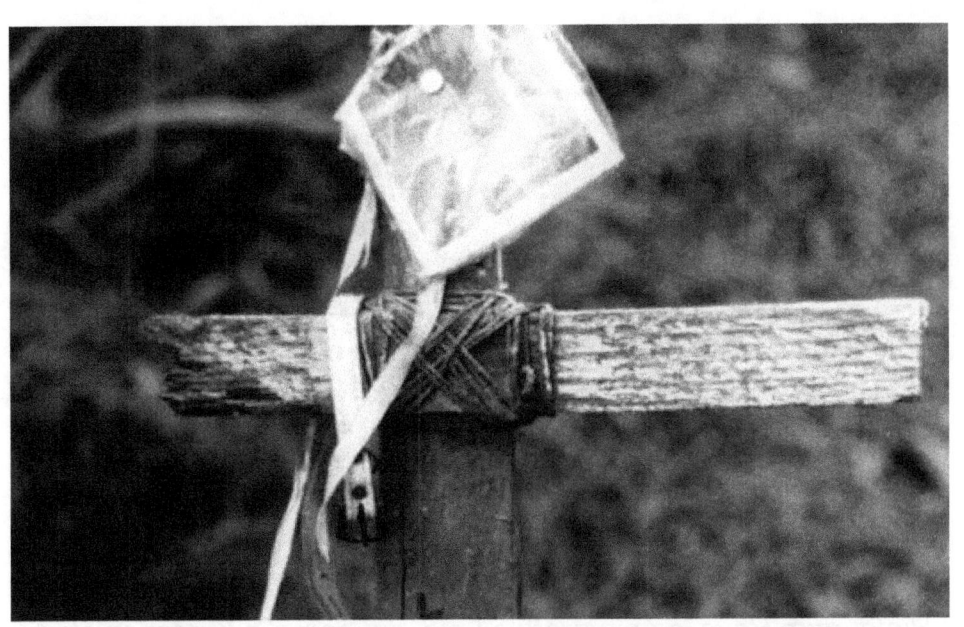

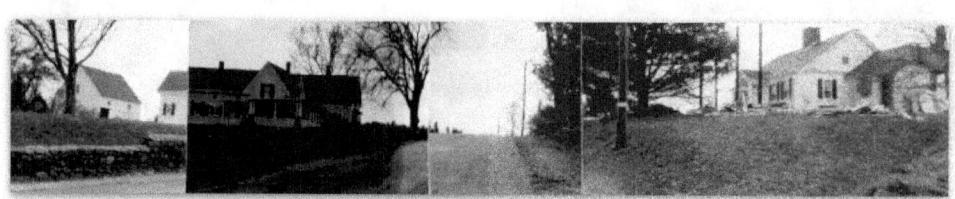

Am nächsten Morgen steht die Erkundung der Umgebung auf dem Programm: *Dann bogen sie um die letzte Kurve, und da stand das Haus...Ein großes Gebäude im Neuengland-Kolonialstil, drei große Zimmer unten, vier weitere oben, ein langer Schuppen, in dem man später vielleicht weitere Zimmer einbauen konnte - und alles umgeben von einer ausgedehnten Rasenfläche...*

Hinter dem Haus lag ein großes Feld, auf dem die Kinder spielen konnten, und hinter dem Feld steckten sich Wälder, die fast bis in die Ewigkeit reichten. (Louis' Haus, S.12ff)

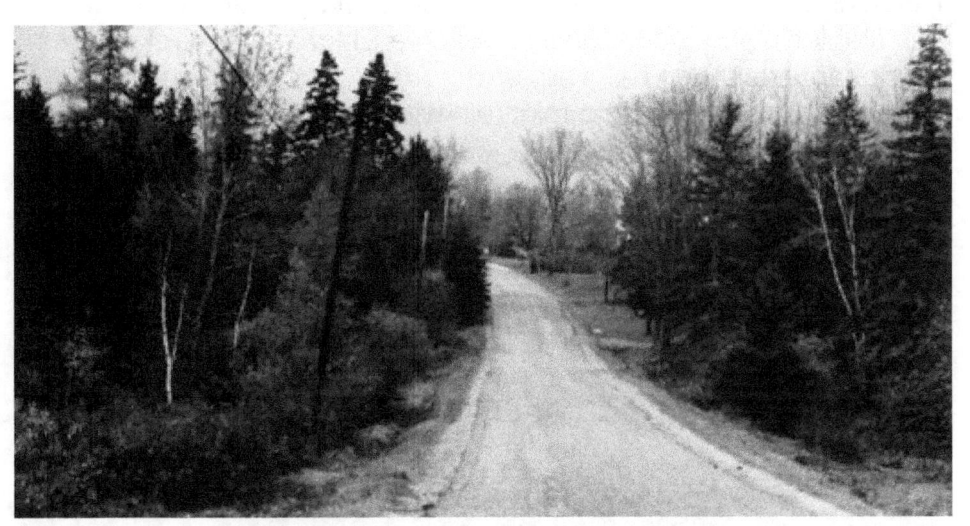

Maine, der Bundesstaat im Nordosten der USA, eigentlich bekannt für frischen, zartrosa Hummer und endlosen knallroten Blätterwäldern. Ein Ort des Horrors? Marlowe recherchiert und fährt schliesslich in einer unscheinbaren Ecke der Stadt den sauber aufgeräumten West Broadway entlang der sofort suggeriert, hier wohnen Leute, die gut verdienen müssen.

Natürlich sticht das rotbraune Haus mit dem Spitzturm und dem von stählernen Fledermäusen bewachte Eingangstor direkt hervor. Hier phantasiert also der Meister der Angst, der wohl scheinbar der einträglichen Berufung folgt, ein wie auch immer geartetes Kindheitstrauma zu verarbeiten. Auf dieser Strasse, ganz in der Nähe von King's Villa stoppt der Wagen.

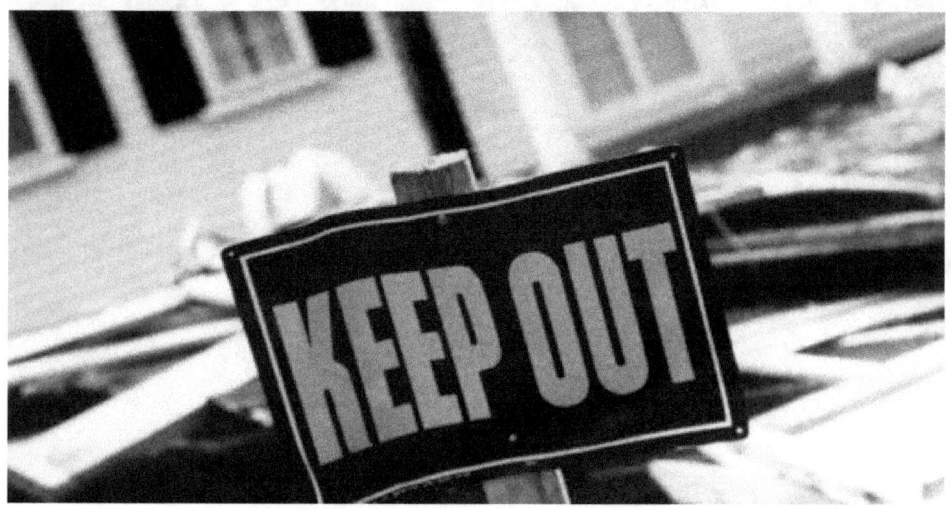

Nachdem Church begraben ist, taucht der Kater am nächsten Tag nach Erde riechend wieder bei den Creeds mit verändertem Wesen auf. Nachbar Jud erzählt, dass der unheimliche Indianerfriedhof im Ort bekannt sei.

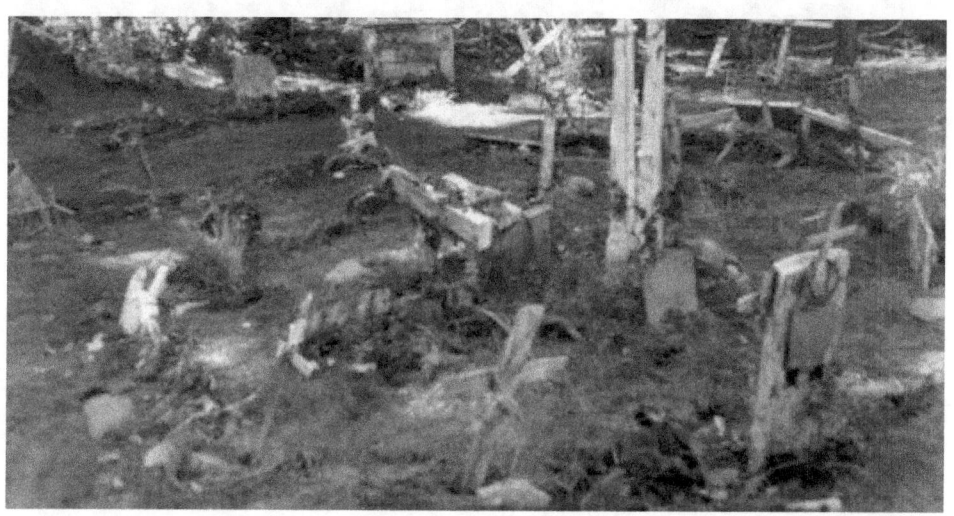

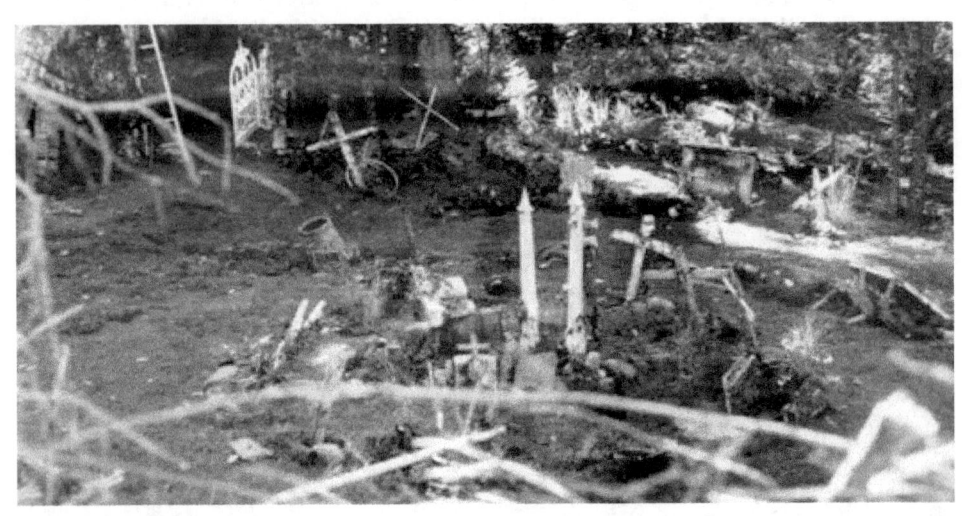

Alle früheren Kontaktbemühungen des Privatdetektivs laufen ins Leere. Das Management des Autors lässt lapidar mitteilen, der Schriftsteller arbeitet Tag und Nacht, für ein Interview habe er keine Zeit, keine Lust - was auch immer.

Ob er überhaupt zuhause ist? King geht gern spazieren, das ist bekannt, also wartet die mitreisende Filmcrew auf den Moment, wo er das Haus verlässt. Aber er lässt sich nicht blicken. Da, nach etwa zweistündigem Beobachten tut sich was. Ein Pizzakurier hält vor King's Haus und balanciert große Kartons zum Eingangstor. Jetzt, schnell die Chance nutzen. Langsam, mahnt die innere Stimme Marlowe's, mal sehen was passiert. In der Dämmerung lässt sich nicht mehr viel erkennen. Minuten verstreichen, ok, jetzt. Also zum Eingangstor, die Filmcrew bleibt im Wagen. Klingeln, das Tor mit den Fledermäusen steht halb offen. Stephen King öffnet die Tür, kommt entgegen und leckt sich die Finger. *Hi, was kann ich für dich tun?* Die Antwort kommt zugegebenermaßen etwas zögerlich, *ja, nein, wir möchten gern über die jetzt stattfindenden Dreharbeiten zum Film Friedhof der Kuscheltiere mit Ihnen sprechen.* King: *Oh, das ist jetzt schlecht, wir essen Pizza.*

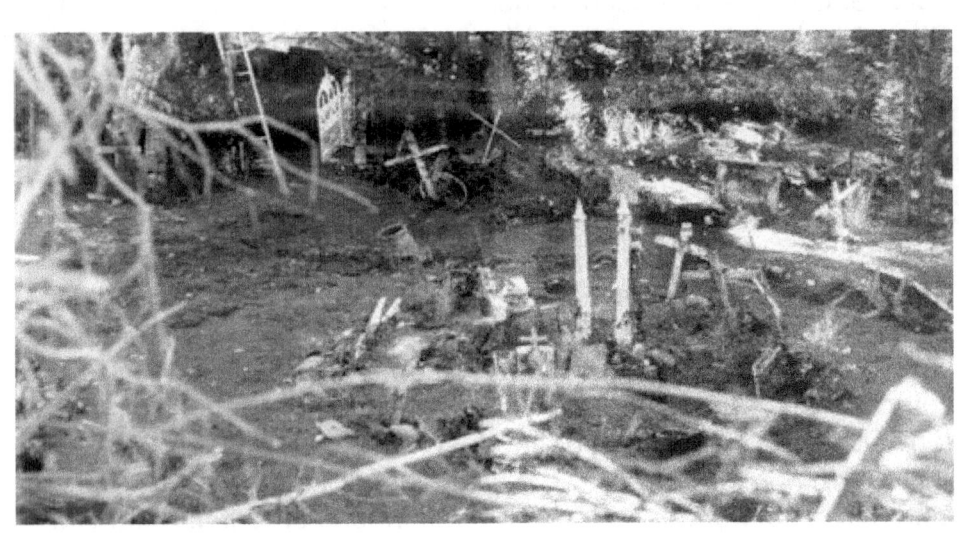

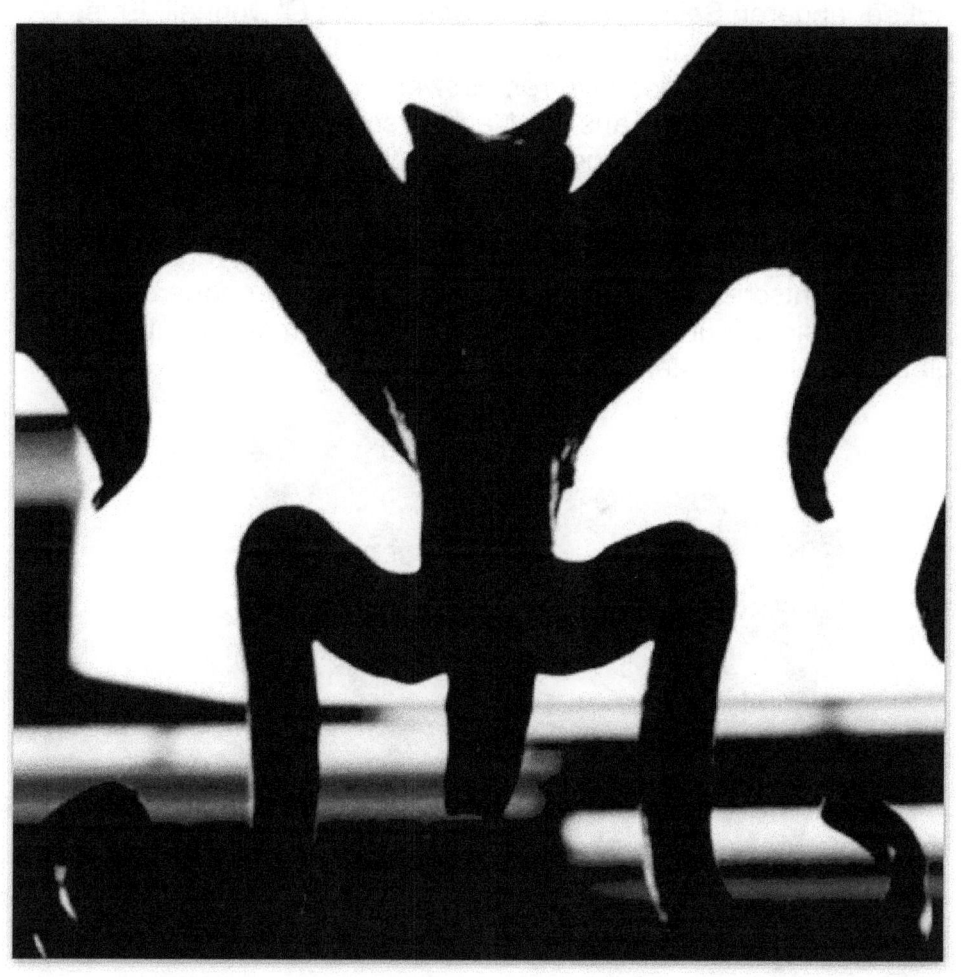

Auf der anderen Seite der Strasse wohnt Josh O' Donnell. Er ist 17 und liest. King? Sieht nicht danach aus, er schreibe nicht besonders intellektuell. *Amis mögen Horror, deswegen ist er so erfolgreich.* Für ihn ist King nur jemand aus der Nachbarschaft. Viele fragen ihn, ob der Kerl von gegenüber irgendwie verrückt sei. *Irgendwie anders ist er schon*, sagt Josh, aber Angst hat er scheinbar nicht vor ihm.

Die *Bangor Daily News,* die lokale Zeitung von Bangor gibt Philip Marlowe entscheidende Tipps, wo die wichtigen Drehorte des Films zu finden sind. (Für diese Zeitung, der King die meisten Interviews gibt, sollte Josh später arbeiten.)

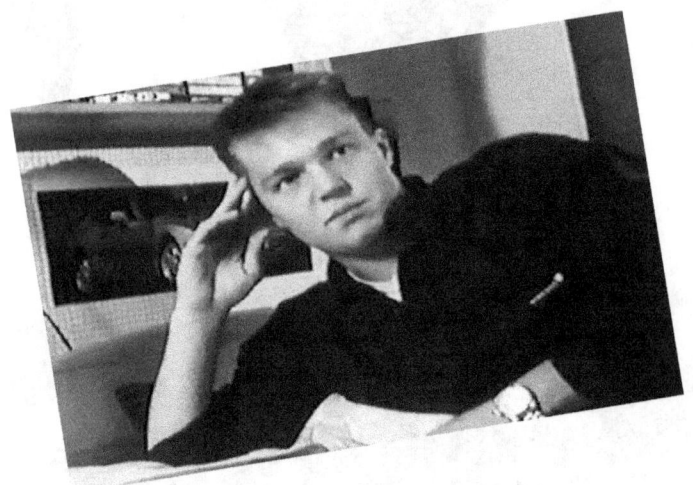

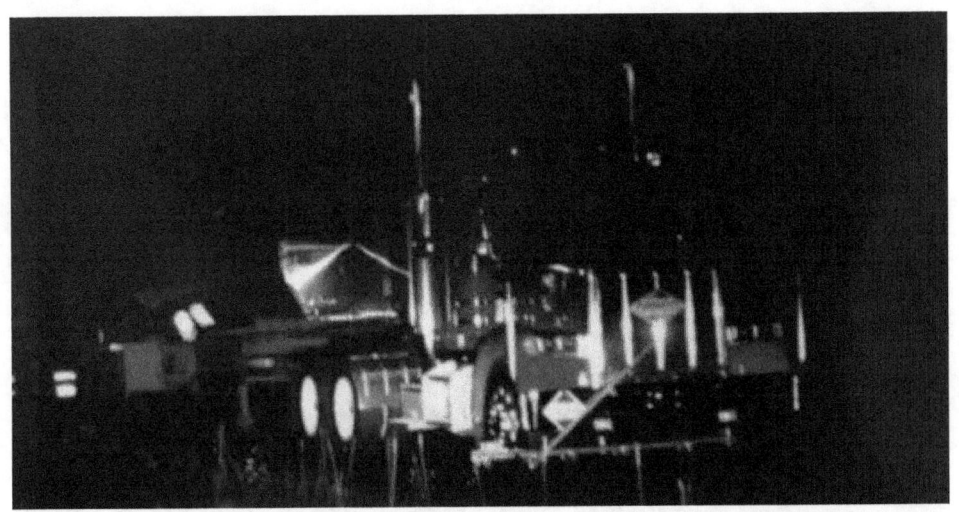

Louis' Familie bekommt von der Wiederauferstehung des Katers
nicht mit. Church tötet Mäuse oder Ratten und einen größeren
Raben.
Kurze Zeit später wird Sohn Gage von einem LKW überfahren.
Louis beerdigt ihn ebenfalls auf dem Indianerfriedhof, obwohl
Nachbar Jud ihn eindringlich warnt. Schon einmal wurde dort ein
Mensch begraben, der dann als Monster zurückkehrte.

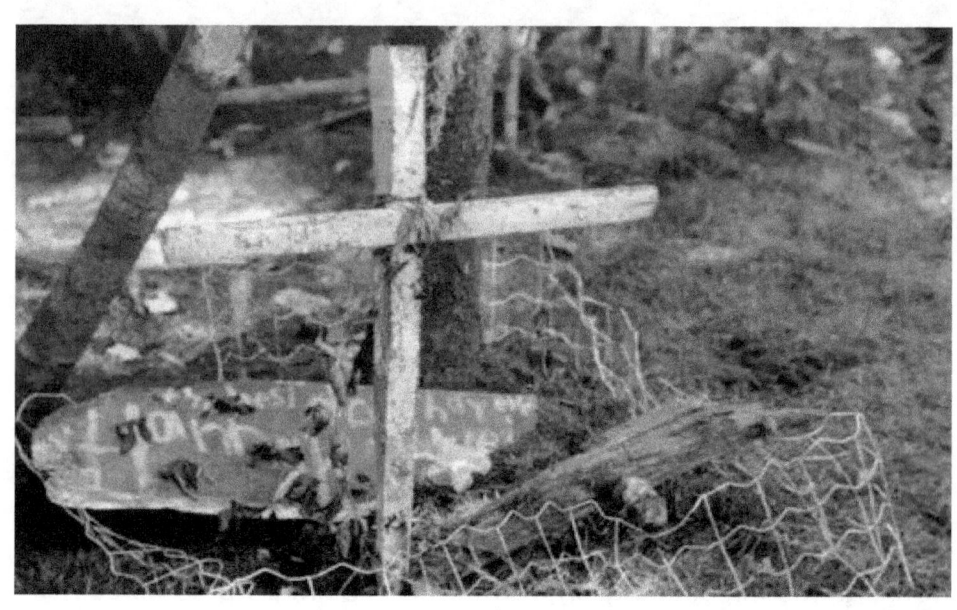

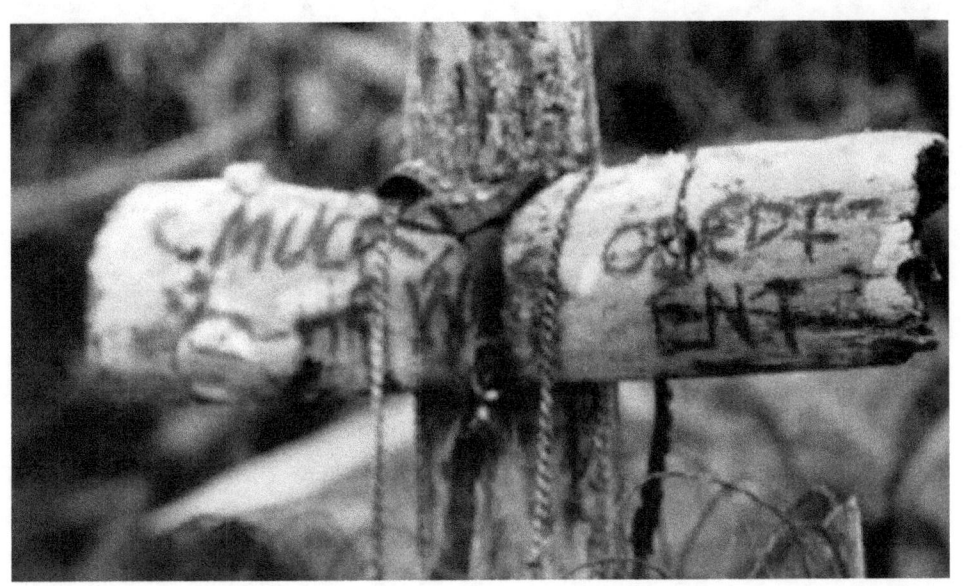

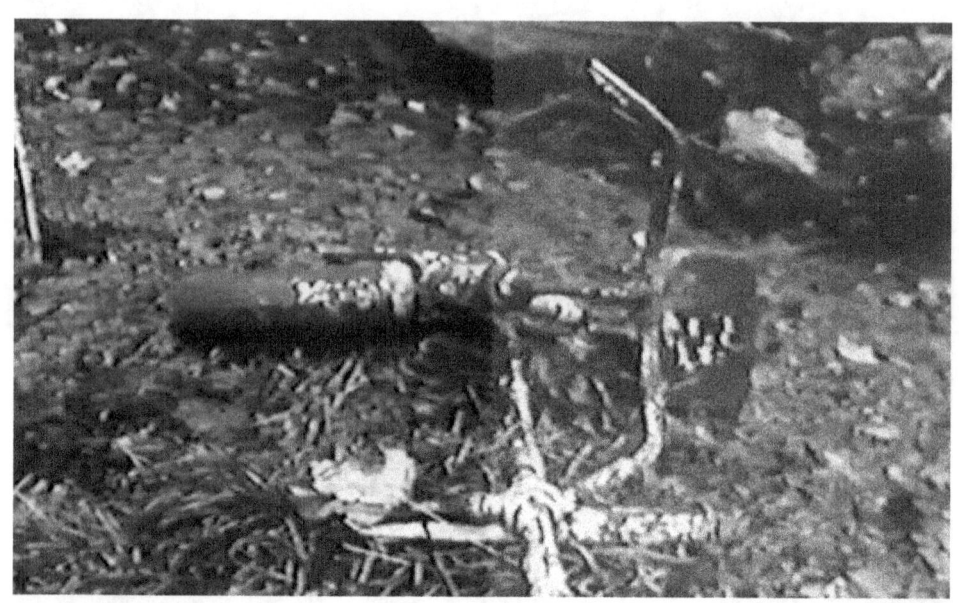

Es gehört wohl auch immer ein Quentchen Glück dazu. Hier finden Dreharbeiten statt - und Stephen King ist da. Er spielt eine kleine Rolle als Pfarrer. Die Crew dreht gerade Louis' Ankunft zuhause. Zeit für ein Interview mit King. Er sagt, ihm sei es wichtig, dass seine Stoffe auch in Maine filmisch umgesetzt werden. Nicht in Los Angeles oder New York, sondern hier in Neuengland. So steht es auch im Vertrag, *entweder es wird hier gedreht oder garnicht.*

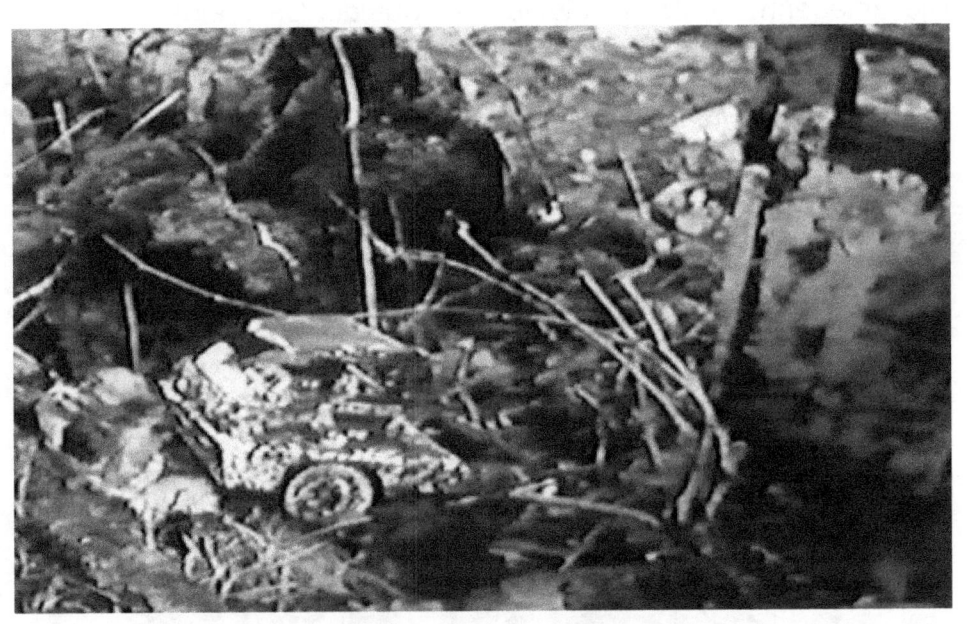

Die Gelegenheit nutzend, gibt jemand aus der Crew einen entscheidenden Hinweis, wo sich der „Friedhof der Kuscheltiere" denn ungefähr befinden soll. Ihn zu finden, sei nicht leicht. Versteckt in einem Waldstück, irgendwo zwischen Küste und Bangor. Und ob er nicht schon längst wieder dem Erdboden gleich gemacht wäre, das sei die andere Frage.

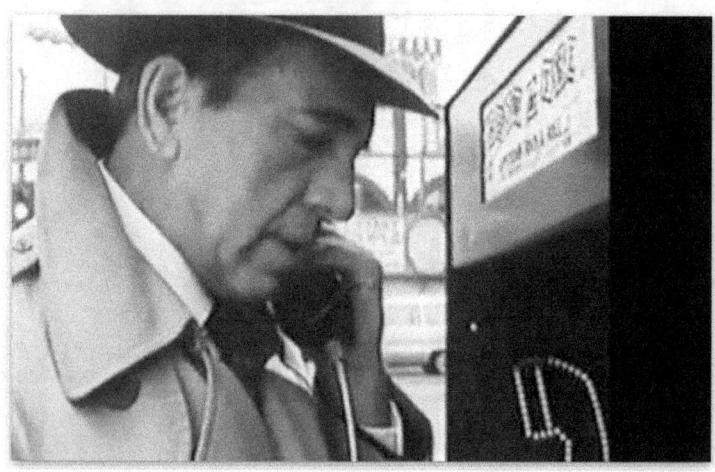

Endlich. *Sie erreichten den Gipfel des zweiten Hügels. Dann führte der Pfad abwärts durch ein mit mannshohem Gestrüpp bestandenes Gelände. Er verengte sich, und dann sah Louis, wie Jud und Elli unter einem Bogen aus altem verwitterten Holz durchgingen. Darauf stand in verblichener schwarzer Farbe, kaum noch lesbar, das Wort: TIERFRIEDHOF.*

Zum zweiten Mal an diesem Morgen wurde Louis von Erstaunen gepackt.
Hier war der Boden nicht mit Nadeln übersät. Vor ihnen lag ein nahezu runder, gemähter Kreis von vielleicht zwölf Metern Durchmesser. An drei Stellen wurde er von dichtem ineinander verwachsenem Gestrüpp begrenzt, an der vierten von einem alten Windbruch, umgestürzten Bäumen, die wie Mikado-Stäbchen übereinander lagen, ein Gewirr, das unheildrohend, gefährlich aussah. Ein Mann, der versucht sich seinen Weg dadurch zu bahnen oder darüber hinweg zu klettern täte gut daran, ein stählernes Suspensorium zu tragen, dachte Louis. Die Lichtung war mit Gedenktafeln übersät, offensichtlich von Kindern aus Material angefertigt, das sie sich gerade beschaffen oder erbetteln konnten - Kistenplatten, Abfallholz, flachgeklopftes Dosenblech. Und dennoch - vor dem Hintergrund aus niedrigem Gebüsch und kümmerlichen Bäumen, die hier um Lebensraum und Sonnenlicht kämpften, schien schon die Tatsache irrer unbeholfenen Anfertigung und der Umstand, das Menschen verantwortlich waren für das, was hier zu sehen war, eine gewisse Symmetrie zu betonen. Der Baumbestand ringsum verlieh dem Ort eine ganz merkwürdige Abtrünnigkeit, einen Zauber, der nicht christlich war, sondern heidnisch.

Louis bemerkte, daß der Platz nicht nur ein Gefühl von Ordnung vermittelte - die Gedenktafeln waren in grob konzentrischen Kreisen angeordnet.

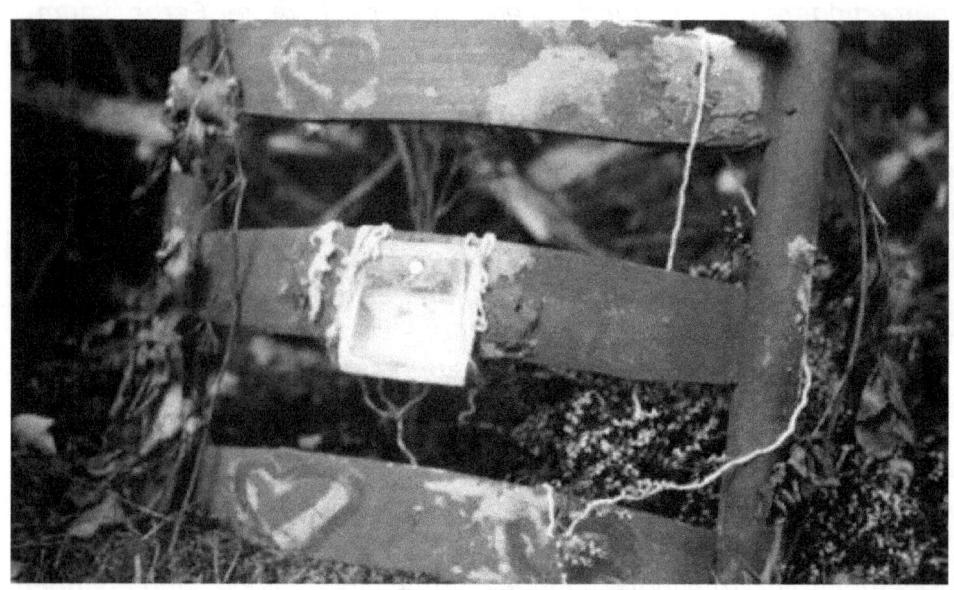

„Kater Smucky" stand auf einem Kistenbrett. Die Handschrift war
kindlich, aber ordentlich. „Er war gehorsam". Und darunter:
„1971-1974" Ein Stück weiter im äusseren Kreis stiess er auf ein
Stück Schiefer, auf das mit verblichener Farbe, aber noch deutlich
lesbar ein Name geschrieben stand: „Biffer". Und darunter eine Art
Vers: „Biffer erschnupperte alles gleich, und bis er starb, waren wir
reich."...weit vom Zentrum entfernt fand er ein in Sandstein
eingemeißelt, „Hanna, die beste Hündin die es je gab 1929-1939"

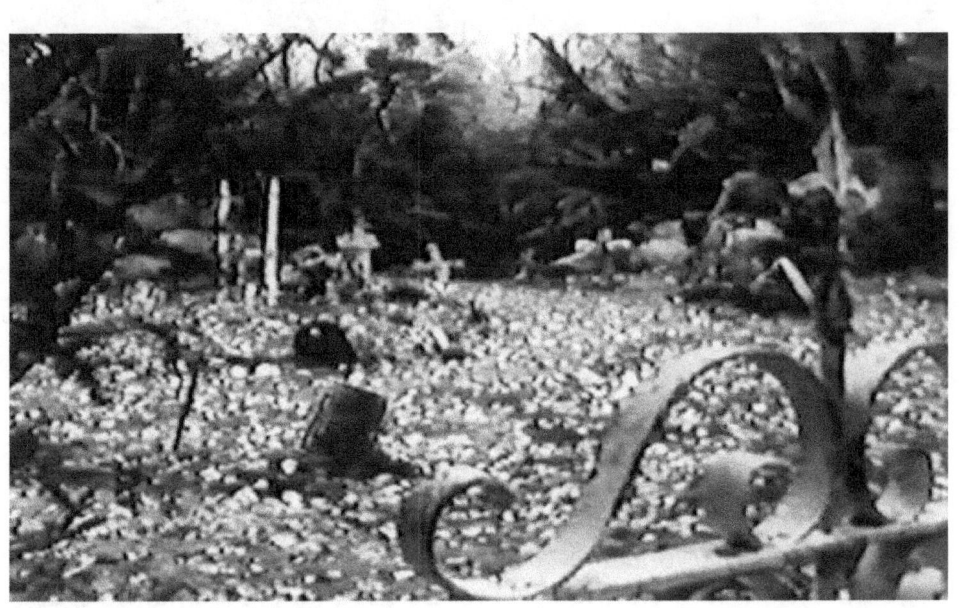

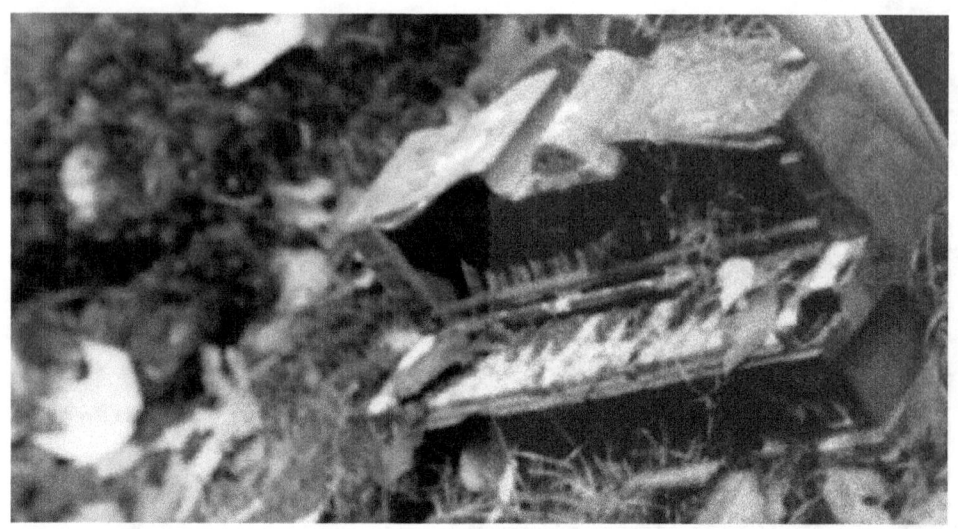

Für Louis sah er (der Windbruch) *aus wie das Skelett eines vor langer Zeit gestorbenen Ungeheuers, ...die Gebeine eines Drachen, zu einem riesigen Grabhügel*

aufgeschichtet...In diesem Moment kam ihm der Gedanke, daß etwas allzu zweckdienliches an diesem Totholz war und an seiner Lage zwischen dem Tierfriedhof und den Wäldern dahinter...Gerade seine Zufälligkeit schien zu künstlich, zu vollkommen für ein Werk der Natur. (S.41ff)

Louis gräbt die Leiche seines geliebten Sohnes aus und begräbt ihn auf dem Felsplateau hinter dem Tierfriedhof. Aber auch Gage kommt zum Haus zurück, tötet Nachbar Jud und auch Rachel wird zum Opfer.

Plötzlich steht ein bärtiger Mann auf dem Tierfriedhof. Nein, er ist kein Stephen King Geschöpf und auch keine Erscheinung. Es ist ein Ausstatter des Films, Zimmermann Ellen Estley, der bereitwillig von den näheren Umständen erzählt: *Über 50 Leute bauten in drei Wochen den im Buch beschriebenen Tierfriedhof genau nach. Anderthalb Millionen Dollar wurden hier in den letzten beiden Monaten ausgegeben, was einige Leute sehr gefreut hat - sowohl Nahrungslieferanten, Autovermieter, wie auch Zimmerleute und Holzhändler. Stephen King kommt von hier und weiss, dass wir es gut gebrauchen können.*
Ist euch am Eingang des Friedhofs nicht ein Fehler unterlaufen? *Der Originaltitel Pet Sematary ist bewusst nicht richtig geschrieben*, sagt er. Das Schild wäre im Buch ja von Kindern geschrieben worden und wurde so für den Originaltitel des Buches übernommen.

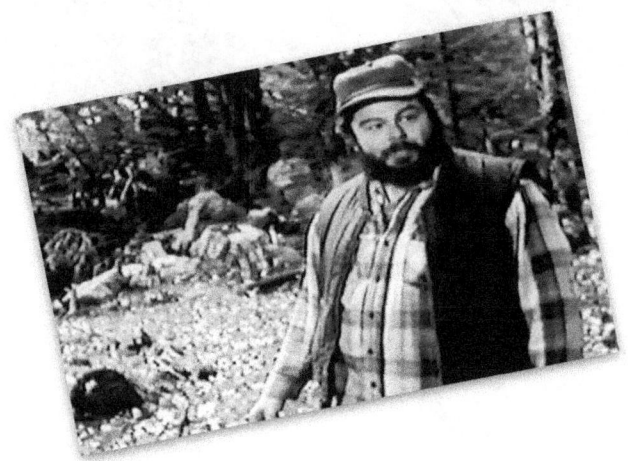

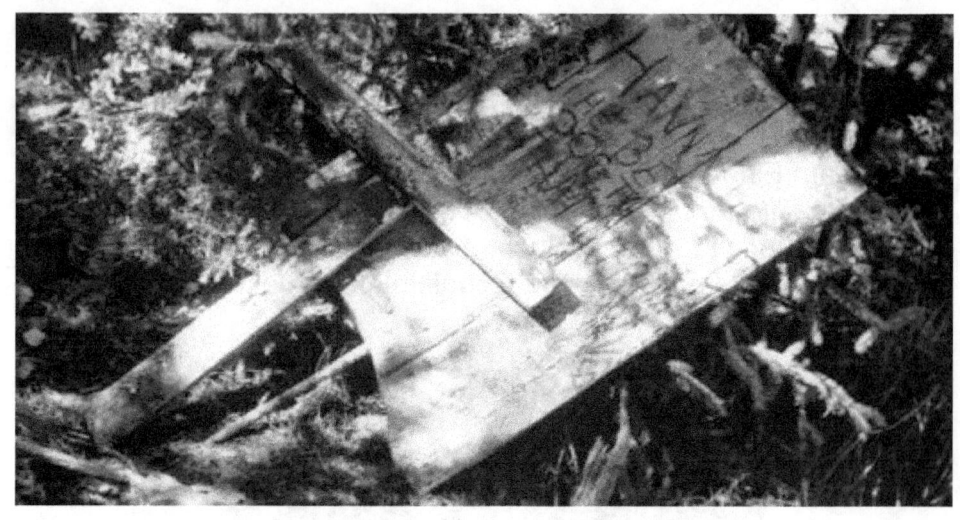

Louis tötet Gage mit einer Spritze und brennt das Nachbarhaus nieder, um den von seinem Sohn begangenen Mord an Jud zu vertuschen.
Der Vater glaubt sein Sohn wurde nur böse, weil er zu lange gewartet habe ihn nach seinem Tod auf dem Felsplateau zu begraben. Das soll mit Rachel nicht passieren. Louis beerdigt sie auf dem Felsplateau. Der Roman lässt offen, ob auch Rachel vom bösen Geist besessen ist.

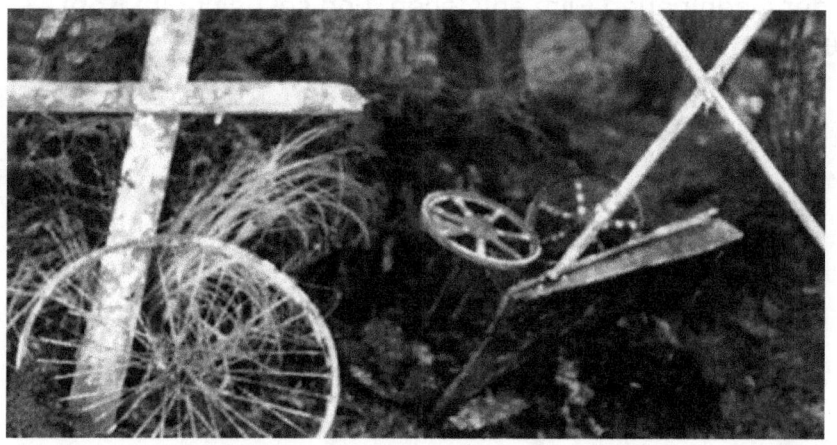

Philip Marlowe: „Wieder im Hotel bestand über meine eigene Herkunft nun kein Zweifel mehr. Raymond Chandler, der Schriftsteller, der mich, Philip Marlowe erfunden hat, ist mein wahrer Vater. Howard Hawks und die anderen großen Regisseure und Drehbuchautoren, die über mich Filme gemacht haben, denen ich meine Berühmtheit verdanke, sind meine Paten.

Und die Schauspieler - die mich verkörpert haben, wollen, daß die Zuschauer meine Geschichten glauben.
Viele Filme verdanken ihre Existenz also Büchern, - Filme, die die ohne Buchvorlage nie entstanden wären. Die Lösung liegt also im Buch selbst. Das Buch ist durch nichts zu ersetzen. Erst das Lesen lässt wieder einen neuen Film entstehen, und sei es nur im Kopf des Lesers."

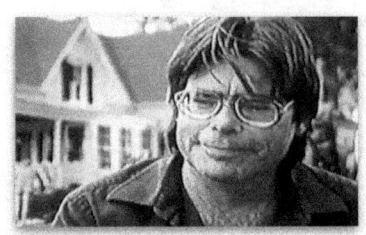

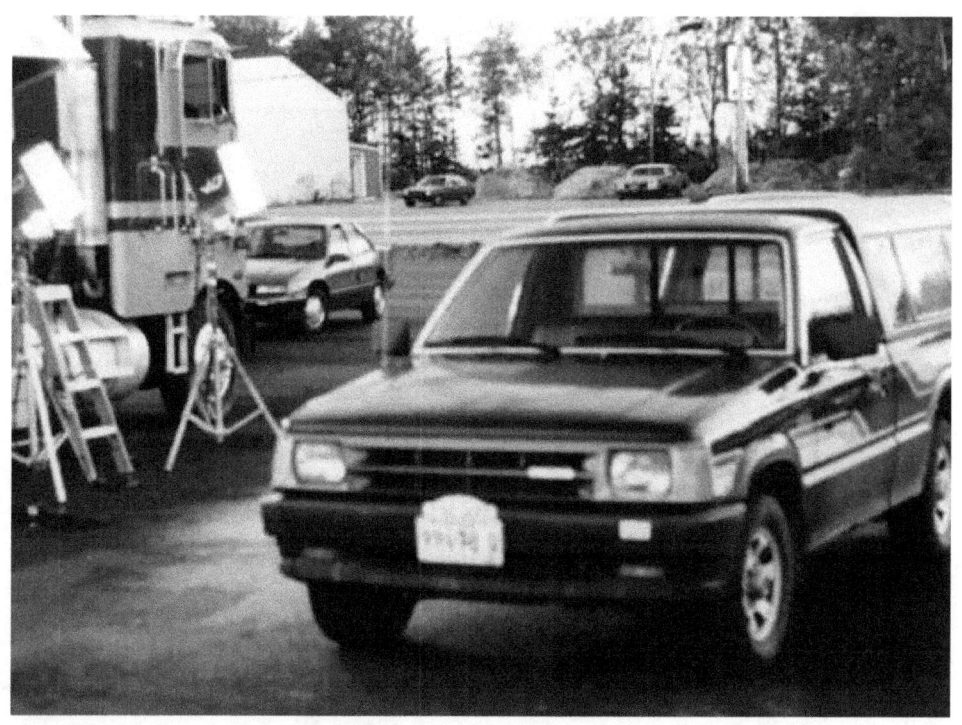

Der Stoff, aus dem die Filme sind (1989)
2 x 30min.
Ein Dokumentarfilm von Christoph Felder
Mitwirkende: Stephen King, William Goldman, Menno Meyes, Hans
Bacher, Volker Schlöndorff, Alan Parker, Bernd Eichener u.a.

Buch: Christoph Felder und Karsten Prüssmann Kamera: Manfred
Scheer und Uwe Schäfer Ton: Wolfram Seeger
Schnitt: Mareille Marx

Sprecher: Joachim Kemmer, Evelyn Maron, Joachim Nottke
Herstellung: CFF
www.arts-tart.de

HTTPS://FILMGESCHICHTEN.JIMDO.COM

NAT
BOOKS

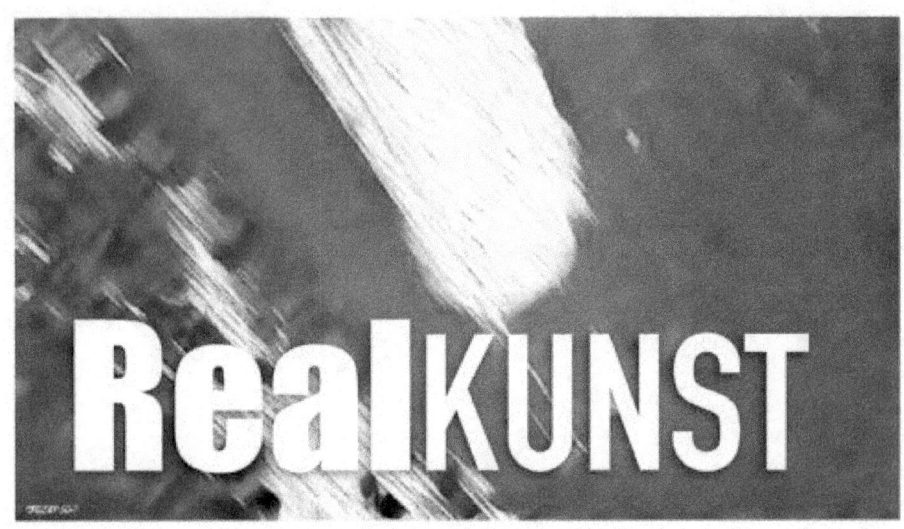

https://realkunstkaufen.jimdo.com

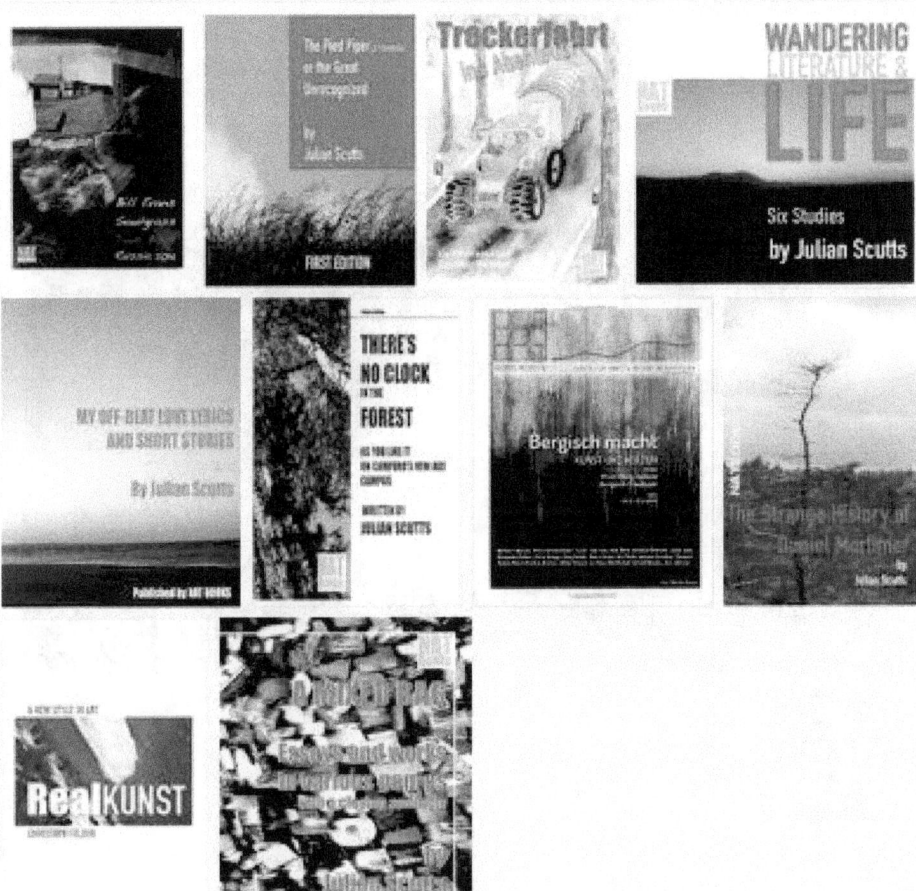

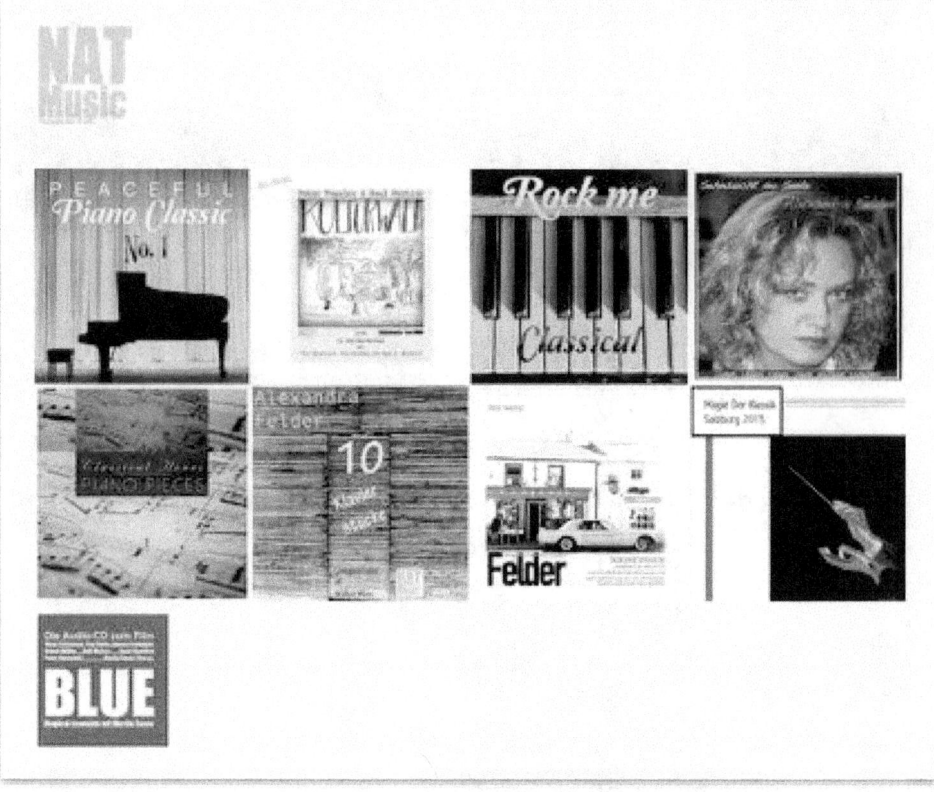

www.ingramcontent.com/pod-product-compliance
Lightning Source LLC
Chambersburg PA
CBHW061219180526
45170CB00003B/1062